知識経験ゼロからの

フリーランス働き方相談所

MonAmie＋岡久

自由国民社

はじめに

一度きりの人生を、自分なりに生きたい！
会社ではなく、自分の実力で一からお金を稼いでみたい！
でも、自分にできるだろうか……？
そんな風に思っているあなたに知ってもらいたいのが、フリーランスという生き方。

人生１００年時代。少子高齢化で医療や年金など、老後の不安はあります。
またコロナ禍にあって「在宅」や「副業」に関心が高まる中で、フリーランス、とっても気になります……。

起きたいときに起きて、寝たいときに眠る。
遊びたいときに遊び、学びたいときに学ぶ。
働きたいときに働き、好きな仕事を通じ、世の中に貢献したい。
皆が喜んでくれて、それがお金になったら嬉しい。誰しもが憧れる生活です。
雇われない働き方。そんな働き方で、生きていけるお金が得られる。

会社に勤めている人なら一度はやってみたい働き方ですよね。

フリーランスで、はたして食べていけるのか？


私たち（Ｏｋａ９＆ＭｏｎＡｍｉｅ）、本業の傍らイラストや絵、漫画や小説、法律や労務に関するグッズを作っています。

それでデザイン系のフェスに先日、出展してみました。

その名も「フリーランス働き方相談所」！


ブースに立ち寄ってくれた人たちからの作品へのコメント、嬉しかった〜！

でもね。**実は、話の中で「フリーランスとしての働き方」の相談がむちゃくちゃ多かったんです…。**


フリーランスでやっていきたいんですけど…とか、社会保険のこと、契約書のこと。

お金でトラブルになってしまっているんだけどとか…。

いやーマジでたくさんありました。

そんなことから、この本の企画が持ち上がり…で、めでたく出版。


では、始めます。**こちら「フリーランス働き方相談所」です！**

CONTENTS

第1章「イケるフリーランス」の働き方

第2章「イケるフリーランス」の営業の実際

第3章「イケるフリーランス」の社会保険のすべて

第4章「イケるフリーランス」のお金のすべて

第5章「イケるフリーランス」の契約のすべて

登場人物

Ｇ：丸《まる》井《い》優《ゆう》太《た》（ゲーマー会社員）

システム会社の営業サラリーマン。休日はウーマーイーツ。優柔不断だが好奇心は旺盛で、副業の世界に興味津々。ゲームが好きで、そこそこうまい。いっぱい貯金ができたらゲームカフェを開きたい。芳野アイラのお客さん。サロン詐欺にあい、最終的にはゲーム実況を始めて広告収入を得る。

Ｗ：市川《いちかわ》透《とう》子《こ》（Ｗｅｂデザイナー）

Ｗｅｂデザイナー。上司とソリが合わずに会社を辞めて3ヶ月。前から始めていたＷｅｂデザイナーとして、本格的に独立するためフリーランスに転身。最近は交流会で知り合いを増やしている。

D：バニ太郎《たろう》（大道芸人）

モンブランプロモーション所属の大道芸人。柔軟性と反射神経を活かした演技でイベントに出たり、レッスン講師をやったりするよ。ＹｏｕＴｕｂｅにあげたショーの動画では凄さが伝わらないのが悩みなので、最近はストレッチや筋トレ動画にシフトした。

S：湯月《ゆづき》ユズ（ハンドメイド作家）

ハンドメイド作家。オリジナルイラスト「うずねこ」グッズやラインスタンプがＳＮＳで大人気。２年前までＯＬをやっていたが、忙しくて独立。企業への対応やモンスタークレーマーが最近の悩み。いつか絵本を出したい。ＳＮＳのフォロワーが多い。

T：斎賀《さいが》瑞樹《みずき》（トレーダー）

トレーダー。株やＦＸなど色々している。学生の頃、買った銘柄がたまたま当たったのがきっかけで、そのままフリーランスに。著書３冊。プログラミングもできるので、仲間の仕事を手伝ったりもしている。大阪在住。ＳＮＳのフォロワーが多い。芳野アイラのお客さん。

E：中野《なかの》めい子《こ》（エステティシャン）

出張エステティシャン・美容家。エステティシャンとして数年働いた後に独立。広告の出し方や営業の取り方が上手で、講演や雑誌取材などの対応にソツがないため仕事の依頼が多い。斎賀恭志郎と同棲中。

H：斎賀《さいが》 恭《きょう》 志郎《しろう》（保険営業）

営業成績は常にトップクラスの保険営業マン。合理的で無駄のない仕事を追求する。仕事のできる人間が大好き。モットーは「一日百客」。フリーへの転身を考えている。フラフラした弟（斎賀瑞樹）と並ぶと、一層真面目に見える。中野めい子と同棲中。元々めい子のお客さん。

K：芳野《よしの》アイラ（キャバクラ嬢）

キャバ嬢4年目の24歳。大学時代からの延長で、そのままレギュラーキャストに。明るい笑顔と丁寧な対応で、店では常にランキング入りしている。忙しい中起業を考えているが、具体的な道筋は見えていない。確定申告はしていると主張している。作中、質屋を起業。

N：ジャン・アリ（謎のトルコ人）

ケバブ時々トルコアイス屋（キャンピングカー）の元気なトルコ人。在日10年。体格がいい。〝ジャン〟と呼ばれている。新大久保～池袋～上野を周回している。ジョークのセンスは独特。

X：モブタ達《たち》（ブタちゃん）

クライアントだったり税務署職員だったり、フリーランスの日常を分かりやすく盛り上げるための癒しキャラ。1人はみんな、みんなは1人。体脂肪率が気になる。

フリーランスの理想
時間が自由
昼まで寝れる
不起
お金が自由
入金あったし〜。肉くおー。
場所が自由
旅行先でも
仕事がデキる!!
フリーランスの現実
時間に追われる
〆切
〆切
お金の心配が増える
月初に払われる予定のギャラまだ振込みなかった…(月末)
場所は自由(不自由)
取引先
ヨロシクデース
ここでしかできない仕事もある…
一人だけでやってくってのも大変なんだろうなあー…
フリーはどうしても気楽に見られがちですよね
二の足踏んじゃうわ…
そんなフリーランスに最も大切なのが…
バーーン
信用
なのです!!
ヘェー

第1章
「イケるフリーランス」の働き方

S：湯月ユズ（ハンドメイド作家）

1　フリーランスの動機は何か？

人口減少社会もあって、人々の仕事はＡＩが取って代わるといいます。

仕事が楽になるどころか、職業ごと無くなる可能性もあります。

嫌ですね～ＡＩ。そんな中、最終的に人々に残るもの。なんだと思います？

僕はね「自分らしく生きる」ことだと思うんですよね。

あっ、申し遅れました。ワタクシ、「フリーランス働き方相談所」所長の

Ｏｋａ９と申します。

「これからの働き方」にお答えするために、この相談所を立ち上げました。

フリーランスっていったいなんでしょうかね。

世間の認識では、どこにも属さず自分の専門スキルを売る人っていうのが認識としてあるようです。

会社の代表取締役として他の会社の仕事を請け負う場合や、個人事業主として仕事を請け負う場合。また、副業として仕事を請け負う会社員もまた、最近では「フリーランス」といわれています。ちなみに、個人で事業をやっている人を事業所得者、会社に勤めて給与をもらう人を給与所得者といいます。

でもね、ＡＩで仕事が無くなっちゃったら、会社員もフリーランスも関係ないんですね。

だから、フリーランスであっても、会社員であっても、どっちでもいいんです。

今日は相談所にフリーランス志望の「ゲーム大好き会社員の丸井優太さん（Ｇ）」が遊びに来ています。

Ｇ（会社員）：会社に雇われるより独立して好きなことやった方が楽しいってホントですか？

Ｏ（所長）：人によっては、その方が幸せなこともあるでしょうね。

Ｇ：幸せ…そう聞くとワクワクします～。

Ｏ：ところで、フリーランスの動機って何ですか？

Ｇ：う～ん。「お金」とか「時間」とか自由になることですか……幸せがほしいなぁ。

（働かないでゲームだけやってお金入ってこないかなぁ～）

Ｏ：まあ、それもありますよね。あとは「やりたい事」や「やりがい」でしょうか。

いつかは自分のお店を持ってみたいというのだったり、好きなことをして収入を得たいというのだったり…そんなフリーランスですが、フリーランスにも様々な形態があります。

最近の働き方改革で増えているのが「ダブルワーク」です。

ダブルワークとは、事業所得や給与所得など、複数から収入を得る働き方のことです。

会社終わりの時間や休日を使っての兼業や副業。今は色々とあります。

趣味で始めたハンドメイド作品の販売から始まり、仮想通貨（暗号資産）ならびに為替トレードなどの投資。

ユーチューブやブログから派生したインターネット広告やネットワークビジネス。

また在宅での仕事や登録型デリバリーの仕事があります。

胡散臭いのもあれば、まっとうなものもあります。

ダブルワーカーの場合、どちらが主で、どちらが従となるかは、税法や社会保険法上の取り扱いがありますが、スタンスは本人の気持ち次第なところでもあります。

なので、この辺りは、だいぶ曖昧です。

いずれにしても「自分らしく生きること」。

これはフリーランスだからこそ実践できることです。

フリーランスは、到来するＡＩ社会に即した働き方であり、時代の要請ともいえるんですね。

だから平日は会社員で土日は宅配員ってワケ
飯
スゴいめっちゃ働くねー何でそんなに？
お金貯めてゲーマーが集まる店を開きたいんだあ…
月額サブスクでパァァ
ゲームし放題的な
eースポーツ王に俺はなる!!
夢がある人ってめちゃカッコいいですよ！
尊敬ー。
絶対実現してね!!私もゲーム好きだし!!
会社の給料だけじゃキビしい夢だからね！
実現に向けて行動してるのがすごいよ！
あ、もう一杯飲む？
飲むー

2 フリーランスで、はたして食えるのか？

「フリーランス働き方相談所」のMonAmie（モナミ）です。現在、コンサルティング会社に所属しながら、プライベートで創作活動をしています。あっ、今日ですか？ 今日は、「Webデザイナーの市川透子さん（W）」から相談のご予約があったので、ここ相談所に来ています！

W（デザイナー）：モナミ先生、わたし、ちゃんとしたフリーランスになれるんでしょうか。

M（相談員）：全然フツーになれますよぉ。なるだけならね。

W：って、そういうことでなくて、お金とか不安なんです。年金とかも…。

「どうしたらフリーランスになれるのか？」こんな疑問をよく耳にします。

M：個人事業主になるには、たしかに一大決心が必要よね。起業は心理的ハードルが高く、まず、稼げるかどうかがありますよね。

W：そう、それです！　稼げるかどうか…。

個人事業主としてやっている人のほとんどが、まず一番始めに思うことで、夢の実現に期待に胸膨らませる一方、たいがいの人は皆、不安を抱えながら起業しています。

W：それで先生、今日は、いつからフリーランスとしてやるべきなのかを聞きたくて来ました！

M：いつからというのは、フリーランスとしてイケる！と思ったときがそのタイミングなんじゃないかな。**フリーランスは、これといって明確な定義はないので、フリーランスとして名乗り、仕事を始めればもう、それは立派なフリーランスなんですよ。**

W：そんなもんなんですね！　意外と気楽に始められる感じ。あっ、それと先生、フリーランスをやっていく上で一番大事なことって何ですか？

M：うへっ？　いっ、いきなりですね。

W：私、フリーランスで食べていけますか？

M：ちょっとぉ！　まだ第1章なんですけど。最終章ならまだしも…。

W：…私、お金稼げるようになります？

M：顔、顔～近すぎっ！あのねぇ、お金については、正直、営業を頑張るしかないよねぇ。

W：営業ですか？　営業ってやったことないですけど…。

営業ができないから、なんて言ってるうちはフリーランスで、まだまだ困っていない証拠かもしれません。

切羽詰まってくれば、四の五の言っていられずに営業にまい進することになります。

M：フリーランスで大事なことねぇ…でも個人事業主として食べていく上では大事だから、先に言っちゃおうかな？

個人事業のフリーランスで大事なこと。それはね、「信用」です！

仕事を増やすにも、フリーランスで長くやっていくにも、信用がなければ続きません。

でも、初対面の人に、はじめから信用してくれっていっても、それは無理な話なので、まずは人の繋がりを大事にします。

色々なところで繋がりをつくる。これは良く言われる話ですが、本当に大切なことです。

W：人の繋がり？

M：そう。交流会に行って人脈を広げるとか、そこから新しい気づきを得るとか…。

W：そーいえば、そういうの、行ったことないですねぇ。

M：あらそう？　じゃあ今度の金曜日、知り合いが主催している交流会があるから行ってみる？

W：いいんですか？

M：もちろん！

W：先生、…他にもっと、早くお金が稼げる方法とかないですかぁ～？

M：うーん……前のめりな姿勢でよろしい。そしたら、兼業でしょう。だけど、個人事業のフリーランスで考えるからそうなるんじゃないの？　会社員として考えれば、だいぶ考え方も変わってくるんじゃない？

W：へっ？

M：**会社員をしながら、フリーランスもどきをやってみる。フリーランスなんだけれども、会社員みたいに給料ももらうような働き方をしてみるってこと。**会社員として働く部分は、「労基法」や「最低賃金」、「労災保険や雇用保険」などもあって、色々と法律で守られているから安心感はあるよね。会社に所属しながら慣らしていく、そんなやり方もあるんじゃないかな？

W：そんなのありなんですか！　たしかに会社員の兼業や副業って考えると、気持ちはだいぶ違いますねぇ。

こうした選択肢があるんだと思っておくと、フリーランスとしてもイケそうな気がするでしょう？

どうしても自分のスキルに自信がないとか、営業力に不安があるような場合には、兼業できるような雇用契約をいくつか結んでおくのも一つの方法です。

一度しかない人生だからこそ、自分の理想を追求しながら生きていく。

なんてたって、フリーランスなら環境も自分で作り上げていけちゃいますから。

M：では、まずは会社から帰ってきてからの時間を有効に使って、フリーランスとして活動してみましょうか！　二つの仕事を両立するとなると、どうしても時間や気持ちに余裕がなくなりますからね～。

W：時間は…あります…。

M：ん？　暗い顔してどうしたの？

W：その…ちょっと問題が…。

M：どーしたんですか？　ゴニョゴニョして。

W：実は…。

M：えーー!?　先月すでに会社を辞めたぁ!?

W：それでね、先生、家の引っ越しとかもあって、どうしよっかなぁって…。

M：ちょっとぉ〜。なんでソレ先に言ってくれなかったんですかぁ!

しばらくして……。

O（所長）：モナミさん、彼女、その後大丈夫?

M：何とか。元々フリーの仕事自体はツテがあったようですし……無事に家も見つかったということで……。

O：じゃあ、一安心ですね。

M：しかし、まさか、退職していたなんて…

O：たしかに。

M：退職してからだと、住まいの確保も大変なのに、も〜。

取引先の要望にスピーディーな対応をするため
トントン不動産
引越をしようと考えています
〜な部屋がいいです
じゃあ、候補を内覧して
その後、家主の審査があります
不
キ
キ
キ
ん〜収入不安定なのが…
夜うるさいと苦情になるから…
つーか
本当に家賃払い続けられます？
いやー、大家さんがどこもキビしくて！
不
スミマセェン
イエ・カリレース
キビしい世界です。

3 完全独立か副業ビジネスか？

W（デザイナー）：モナミ先生、先生から紹介してもらった交流会に先週、行ってきました！

M（相談員）：お～行ってきたの！　で、そちらがお友達？

W：はい、交流会で知り合った、湯月さんです。

S（手作り作家）：ハンドメイド作家をやっています、湯月ユズ（S）です！

W：モナミ先生のこと話したら、早速ユズちゃん相談したいっていうことで連れてきた。

M：あら、それは、それは～。

S：今、作家をやってはいるんですけど、また会社で働いてみようかなって思っています。作家の方は、自由で楽しいのですが、やっぱり毎月の収入が不安定なのが気になって……。

M：たしかに作家さんの場合だと、この悩みは多いでしょう。ユズちゃんが思うように、安定収入があるのと無いのとでは、精神的にも違います。

フリーランスの収入源はたくさんあってむしろ当然。

フリーランスとかいいながら、いくつかの会社に所属し、それぞれからサラリー（給料）

をもらう人や、個人事業主として仕事を請負いながら、空き時間を使い、他方で会社員としても給料をもらうというパターンもあります。

いわゆる兼業や副業のことですね。

その兼業と副業、字面こそ違いますが、実際の違いはあまりありません。

兼業は業務を兼務する意味で使われ、ダブルワークなどを指すことが一般的で、副業はサイドビジネスに近い形です。

「主たる業務」と「従たる業務」に分かれるのが特徴です。

ただ、兼業や副業は、本業あっての兼業や副業なので、会社との信頼関係が大切です。

そのため、兼業や副業を選択する場合は、本業とのきちんとした線引きが必要となり、事業内容がバッティングしないよう気をつける必要があります。

S：なるほど、兼業や副業はいろいろな方法があるんだ……ってことは、例えば月曜日と木曜日だけ、会社員になるのもあり？

M：フツーに「あり」です。フリーランスだから会社員をやっちゃダメなんてことはないです。

S：へ～。何でもありですね。

M：重要なのは、会社員と個人事業主、「どっちが自分にあっているか？」です。

W：向き不向き…ですね。気になります。

これは、自分の「価値観」と「組織」とのかかわり方の2つの視点から考えるんです。

「価値観」は時間とお金、「組織」は会社との関係です。

フリーランスの動機でもあるんですが、時間を優先するのか、お金を優先するのかでも変わってきます。

自分が仕事中心なのか、プライベート中心なのか、所属欲求が強いのか弱いのか。また、安定志向なのかどうかも…。

次頁の図は、フリーランスの傾向を表したものです。

特徴的なのは、フリーランスは所属欲求が弱いということと、仕事中心でもプライベート中心でもない位置にカテゴライズされていることです。

働く時間、お金、精神的・肉体的負担のどれを取っても、自分を中心に、働き方を自分で決める。そんな人がフリーランスです。

もちろんこれにあてはまらないからといって、フリーランスに向いていないということではありません。自分に合った働き方を選択することが大切です。

価値観と組織の関係

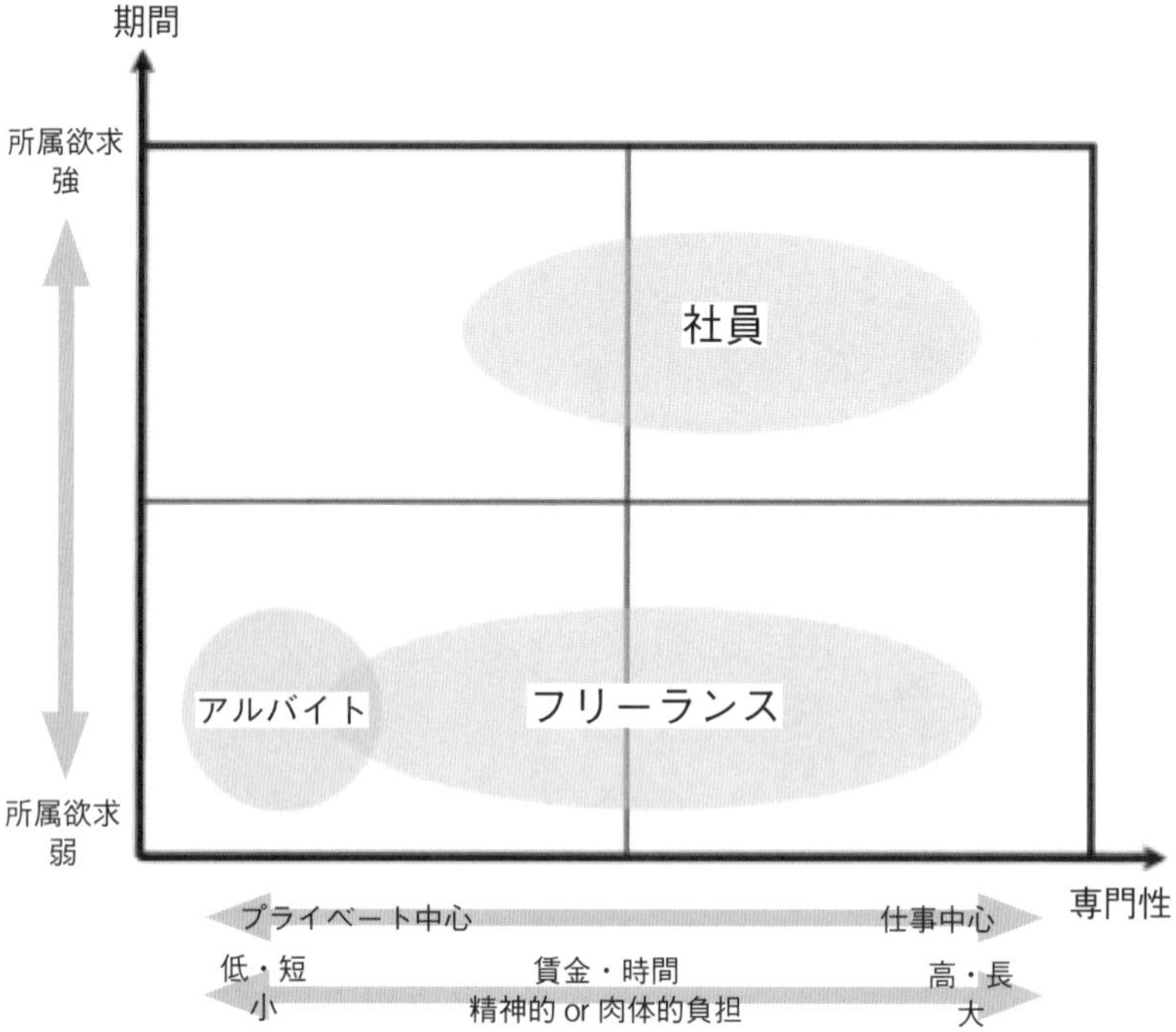
期間
所属欲求
強
社員
アルバイト
フリーランス
所属欲求
弱
専門性
プライベート中心
仕事中心
低・短
小
賃金・時間
精神的 or 肉体的負担
高・長
大

S：自分の価値観を整理したうえで、会社組織とのかかわり方を決めるんですね。

M：そう！　組織とのかかわり方というのは、自分の思い描く働き方や関係が、今の会社や取引先にあるかどうか、そして、自分が求めるもの（描く理想）を満たしてくれる環境があるかどうか。当然、収入が得られるかどうかも検討すべき事項です。

完全独立か、副業か兼業か、その選択にあたっては、とにかく「自分はどう生きたいのか」これに尽きます。

自分自身の価値観を明確にすると、その答えが出てきます。

M：今後のフリーランスとしての活動、営業のやり方にもつながってくる部分ですね。

W：ふむふむ。わたし、独立志向かも……。

S：私は、人と会わなかったり、収入が不安定なのが心配かなー。

M：固定収入が欲しい、人との繋がりも欲しい、っていう考えなら、会社とのかかわりにおいては「業務委託契約」もあり得るんじゃないかな。

えー、スマホ触るだけでそんなに稼げちゃうんですか!!
みずきさんすげーいいなー
今はねー
始めたところは全然だったけど
でも俺、平日は会社があるんですよー
だから同じようには・・・
確かにチャートは基本土日に動くことはないからねぇ
トレーダー
元手も要るしー
土日はやっぱ休む時間だしぃー…
時間足りなくて!!
丸井くん!
一個だけ教えとくよ…
土日はただの日付
決して休みではない!
目が怖かったという

4 兼業禁止かどうか確認する

フリーランスとして、安定を望むのであれば会社員を軸足とした兼業は検討の価値ありです。出来高に関わらず「時間で最低限の給料（賃金）が支払われる」ことは、安心感が違いますよね。

G（会社員）：ところで、僕みたいな会社員が副業をやることってＯＫですか？

O（所長）：勤務時間じゃないプライベートの時間だったら、副業をやっちゃダメってことは基本ないから、丸井くんのいる会社がＯＫなら大丈夫なんじゃないかな。でも、副業禁止の会社も多いから、まずは確認する必要があるよね。

もともとフリーランスでやっていて、生活が厳しいから、アルバイトをするというのはよくある話です。採用する側が個人事業をやっていることを知っている場合は、採用するかどうかは会社が決める話なので、副業について問題になることは少ないです。

ですが、逆に会社員が副業する場合は注意が必要です。

会社員が事業をやってはダメということは基本ないのですが、会社員は会社の指揮命令に従う義務があることから、従業員として守らなければならないルールがあります。

O：会社員は、労働契約を結ぶことにより、会社の指揮命令に従って、仕事に集中して（職務専念義務）働く（労務提供義務）義務があり、その対価としてお金をもらうんです。

G：改めて考えると働くって、そーいうことですよね……会社行くのイヤですけど。

会社は、兼業や副業を禁止していることが多いため、副業できる環境があるか、勤めている会社や所属している会社に制約があるかどうかは確認しておきます。

G：会社員の副業って、ちょっと難しいのかなっていうのは思ってました。

O：そう。従業員なんだから、業務に支障をきたさないよう、本業が疎《おろそ》かにならないよう、ちゃんとしなさいよってことを会社が決めていて、それを就業規則に書いているんです。

G：就業規則ですか？

O：そう。働く上でのルールブックが就業規則。で、従業員はこの就業規則を守る必要があって、働く上での義務をきちんと果たしてもらうために、副業や兼業に制限をかけている場合が多いんです。

就業規則の兼業禁止規定には「こんなことやっちゃダメ！」ってことが書いてあります。

★兼業禁止規定（記載例）

「会社の許可なく他の会社の役員に就任し、または従業員として雇用契約を結んではならない。あるいは自ら会社を設立し、自己の営業に従事するなど、法人以外の業務に従事してはならない。」

G：うわー。大分突っ込んだこと書いてあるんだなぁ。何もできなくないですか？　仕事が終わった後とか、休みの日とかはプライベートなんだから、自由なんじゃないんですか？

O：そうですよね〜。なので、兼業や副業は、少し微妙なところがあるんです。でも、最近は人手不足だから、兼業を認める会社も増えていますね。

兼業や副業については以下のような判例があります。

判例では、二重就業について「会社の企業秩序に影響せず、会社に対する労務の提供に格別の支障を生ぜしめない程度のもの」は兼業禁止に含まれないとしています。つまり、**就**

労義務のない就業時間外あるいは休日であれば、他社で就労した場合であっても、労働に支障がなければ、そこまでは拘束することはできないということを判示しています。そこで、兼業を発見した場合であっても、懲戒の程度によっては、司法上は行き過ぎと判断されます。よくあるのが夜のアルバイトです。労働に支障がなければ、あまり深くは追求されません。ただし、効率的な業務をしていなかったり、会社の体面を傷つけ、または不名誉となるような行為であれば、懲戒処分になります。

O：それから、もっと言うと…。会社が兼業ＯＫでも、兼業内容については注意する必要もあるんです。

G：仕事内容もですか？　会社にいる時間じゃないのに？？

O：そう。兼業でも、どの立場でどんな仕事をするかは、注意が必要です。もし、会社員が本業で給料もらいながら、同じような仕事を副業で行ったらどう？

G：う～ん…。

O：競合になるでしょう？

G：たしかに…。

O：それから、勤めている会社や所属している会社での業務を、その会社を介さずに、自分自身や自分と関係のある会社と取引してしまうのは？

G：わぁ。それは流石《さすが》にだめです。なんかわかります！

O：アウトですよね。これが世に言う闇営業です。

G：へぇ。じゃあ兼業可能かどうかと、兼業の内容は要チェックですね。

兼業や副業は、自分だけの問題ではないため、兼業していいかどうかは会社のルールを確認しておいたほうがいいですね。

兼業のポイントとしては、雇用契約の場合、就業規則の服務規律や懲戒規定、競業避止の項目などを確認する。それ以外なら不正競争防止法なども抑えておくのが大事です。

また、競合する仕事や競業先での勤務、似たような仕事をするのもトラブルになる可能性があるので避けたほうが良いです。良からぬ噂や疑いを掛けられるのはイヤですもんね。

いずれにしても、兼業などのダブルワークでは、会社や所属先が兼業を認めていたとしても、競合関係のある仕事はやらないってことが大切です。

G：なるほど。トラブルになるのはめんどくさいです。

O：ちなみに、**兼業・副業禁止にもかかわらず、会社に内緒で副業をやっていたりするとバレますからねっ！これは、住民税額から分かっちゃうんです。**

それからね〜、マイナンバー制度ができたでしょ。これによって役所（税務署や市区町村）も、収入を把握できますからね〜。マイナンバーカードは持っていなくても、個人番号（マイナンバー）は日本に住民票のあるすべての人に発行されています。

また、給与を支払う側（会社）は、市区町村に対して「給与支払報告書」を提出します。

これにより、税と社会保険は、国と地方自治体の一元管理が可能となり、住民税の徴収などが強化されています。

ウチの女の子ってー 売上制か時給制で 選べるんですよー
そういう所 もありますね
どっちがいいの？
う〜ん 人によるよね 時給制は出勤したら １００％ギャラが 出るの
安定と平穏
指名あれば 少しずつ時給 あがるしー
売上制だと 指名してくれた お客さんが いくら使うかだから
売れないと稼げない!!
正直 バイト感覚じゃ キビしいよね
他の業態の企業でも 同じ事務所で正社員と フリーランスが 同じような仕事を する場合があります
多様な 働き方って ヤツですね
働きたくNEEE

5　給与と報酬の違い　「もらう」と「稼ぐ」

ところで、給与と報酬の違いって分かりますか？　それから、「もらう」と「稼ぐ」。

同じじゃない？って思うかもしれませんが、実は結構な違いがあるんです。

給与は、賃金のことをいい雇用契約にもとづき「使用従属の関係」の下で、原則、労働時間に対して支払われる「労働の対価」です。

使用従属とは、使用者に指揮命令権があって、従業員たる労働者はそれに従うことをいいます。

労働基準法や社会保険法（健康保険・厚生年金保険・雇用保険・労災保険）の適用があるのが雇用契約です。

一方の報酬は、仕事の完成や成果に対し、業務委託契約や請負契約にもとづき支払われるものになります。

個人事業主は、業務委託や請負です。

この業務委託や請負には、労災保険や最低賃金は適用されません。


そのため、仕事中の事故であっても労災は基本、適用されないんです。

また、最低賃金なんてものも、業務委託や請負にはありませんから、請け負った仕事を時間換算してみたら、むちゃくちゃ安くなってしまったなんてこともあるんです。

最低賃金とは、最低賃金法で定める時間当たりの最低賃金額で、雇用契約を結んだ使用者に罰則があるものになります。


委託や請負では、当たり前の話なんですが、このことを分かった上で、自分の意思で事業を始めた人が、個人事業主（フリーランス）なんですね。

フリーランスは、自分で自由にできる反面、自己責任になる部分も大きいんです。


最近は、気軽に始められる登録型の宅配ビジネスなんてものもありますが、アレは個人事業主扱いですから、こういったリスクがある事も理解した上で始めないとですよね。

今日は、「キャバクラで働く芳野アイラさん（K）」が、副業をはじめ色々と気になることがあるようで相談所に来ています。

K（キャバ嬢）：私のお客さん……分かってんのかなぁ。ウーマーで頑張ってるらしいけど。

O（所長）：リスクもありますからねぇ。

K：請負みたいな仕事だと個人事業主になって、本人にリスクがあるんですよねっ。

O：請負だとそうなりますね。法律は実態判断ですが、微妙な仕事もあるんです。

請負契約や業務委託契約といいながら、仕事が選べなかったり、会社によっては指示や指揮命令があり、労働時間でお金が支払われていたりするケースがあるんです。

要するにゴチャゴチャになっちゃって、会社自体、わかっていないことも多いんです。

K：それって、法律違反なんですか？

O：ですね。っていうか、分かっていてやっている確信犯的な会社もあるんですよ。

K：えぇー。分かっていてやっている理由はなんですか？

O：色々あるけど、会社からしてみると、労働法と社会保険料ですね。

労働法が適用されると、労働時間の管理や年次有給休暇の付与が求められ、残業すれば割増賃金が発生します。また、社会保険に加入すれば、その保険料の負担が発生します。

なので、そういったコスト面がその理由でしょうね。

K：なるほど。働く側からすると守ってくれる法律があって安心だけど、会社側から考えると、たしかにコストかも。

O：そう。なので、なるべくなら会社は従業員としては雇いたくない。その点、個人事業主なら残業代や年次有給休暇、会社の社会保険はありませんから。

K：だけど、会社員やってても給与は上がんないですよねぇ。

O：会社にもよるけど社会全体としてそれはありますよね。お金のことだけを考えれば、個人事業主の方が夢はありますよね。

K：安定を選ぶなら会社員…。働く側の意識もイロイロですね。

O：そう。働き方改革で、縛られない生き方、雇われない働き方が注目されていますよね。

個々の働き方が尊重され、結果として会社との利害関係が一致したんです。

そして、個人と組織の新しい関係が生まれたってワケです。

でもコレは、個と組織のパワーバランスが保たれているときの話ですよね〜。

ということで、フリーランスになる上で、「雇用」と「委託・請負」の違いを整理。

会社員は、会社からサラリー（給与）をもらう人。

派遣であってもアルバイトであっても、「自称フリーランス」であっても、会社から給料をもらう人であれば、給与所得者です。

これらの人は、会社の指揮命令を受けて、労働時間に対して「賃金」が支払われる。

一方、フリーランスは、事業をして仕事で「報酬」を得る人。なので、事業所得者。

ここには指揮命令はなく、報酬は、成果に対して支払われます。

「委託・請負」は、業務の実行や仕事の完成を目的としているので、指揮命令はありません。仕事の進め方は原則、その本人にお任せです。

なので、自分主体。だから「稼ぐ」がベースです。

★委託と請負の違い

委託契約は「業務の遂行」を、請負契約は、「仕事の完成」を目的としています。どちらも基本的に自らが仕事を調整して、その責任で業務にあたります。受託者は業務の遂行を、請負人には仕事を完成させる義務があります。

委託と請負では、請負の方が受注者にとって自由度が高くなる反面、仕事の完成が厳しく

要求される契約となります。請負人は、仕事の完成前に自分の責任でない災害などで、仕事を最初からやり直さなければならなくなっても、原則、余計にかかった費用を請求することができず、また、成果物が不完全なものであれば、発注者から不完全な点の補修や損害賠償を求められます。そして、成果物が契約の目的を達成できないほど不完全なものであれば、契約を解除されることがあります。

K：会社員は、会社に雇われてる人だから雇用契約。委託や請負は個人事業主で、会社の社会保険はないんですね。

O：そう。それから会社員は、週20時間以上の勤務で雇用保険の加入。週30時間以上の勤務で社会保険の加入になるんです。

★雇用保険の加入要件

31日以上引き続き雇用されることが見込まれる人で、1週間の所定労働時間が20時間以上である人

★社会保険（健康保険・厚生年金保険）の加入要件

強制適用事業所（法人事務所または常時5人以上いる個人事務所）に勤務する人で、1

週間の時間数及び1ヶ月の日数が常時雇用者の4分の3以上の人（※）

※一定規模以上の会社に勤める週20時間以上で月8・8万円以上、勤務が2ヶ月以上見込まれる学生以外の人は社会保険の加入対象となります。また、強制適用事業所以外の事業所は、条件を満たせば任意適用事業所として社会保険に加入する事ができます。

そのため、委託や請負なのに時間でお金が支払われていたり、指揮命令があり、それに従って働いているのであれば、それは従業員（労働者）であり「雇用」になるんです。

法律は、あくまでも実態判断です。

だから、契約書の題名がどうであるかは、あまり関係ないんですよ。

K：なるほど！　実態判断ってのが、大事な部分ですね。従業員は会社の命令に従う人だから「従」業員。で、雇われているから「雇用」契約か…。

O：そう、文字通り。雇用契約の場合は、労働の対価は賃金で、労働は「時間」で基本的に把握されるので、「もらう」という意識になりやすいんですよね。

で、これをごちゃ混ぜにして、やる気をガツガツ引き出しているのがナイト産業ですね〜。

兼業を含めて、雇用や委託など契約形態が混在しているのが、ナイトクラブです。

ナイトクラブとは、一般にキャバレーやバー、クラブ等の事を言います。広くは飲食業やサービス業として位置付けられ、サービス内容によっては、風俗営業に区分されます。キャバレーやクラブなどは、客の横にホステス（最近は「キャスト」と言ったりする）がつき、飲食やカラオケ、煙草などを勧めるといった形態になります。また、バーなどは、カウンター越しにお酒を提供するスタイルになります。

O：では、質問！　なぜナイトクラブなどの風営法業界は契約が複雑になっているでしょうか？

K：えーっ。そんなのわかんないです。

まずね、挙げられるのは、業界特有の慣習。他の業界に見ることのない慣習には、携わる人の考え方に違いがあるってこと。これは、風俗営業全般に言えることなんです。

ナイト産業に従事する人の意識は、他の業界と比べて大きな違いがあります。

「働く」というと、一般的には自分や家族のために働き、働いた分のお金を会社からもらうことをイメージしますが、ナイト産業では、如何に短時間で稼ぐか、稼げるかの視点が、働く側、雇う側、携わる人すべてにあります。

通常、お金を得る過程では、会社の命令に従い、決まった時間に会社に行って、決まった仕事をし、生活のために働き、働いた結果、お金をもらって生活をします。

ところが、ナイト産業では、営業時間などの面で様々な規制があるため、そこに携わる人は、経営者であっても、従業員であっても、短時間で稼がなければなりません。ホステスやホストも同じ。だから、ナイト産業は「稼ぐ」といった視点が、他の業界と比べて強くなるんですね。

稼ぐ意識が高まれば、おのずとお金を優先することになります。

K：25時には閉まっているお店が多いのってそういうことなんですね！

O：なので、ナイト産業に携わる人は、より効率的に、より多く稼がなければといった視点から、働く目的では、お金が優先されるようになるんです。

携わる人の多くは、最終的には、自分や家族のためということになるのですが、経営者以外の人でもお金は「もらう」視点より「稼ぐ」視点が強くなっていくのです。

さらに、この考えが進んだ人になると、時間に対する給料（賃金）といった考え方から、仕事そのものへと変化していき、その人の稼業として仕事は確立されていきます。当然、経営者（使用者）から指揮命令を受けることはありません。

こうなると、会社から支払われるお金は、給料や賃金ではなく、報酬となるんです。

これが「個人事業主」といわれる位置づけで、客が自分についているような状態です。

その人にとっては、指揮命令や時間の概念は取り払われ、ナイトクラブは、もはや場所のみ提供される「空間」ってわけです。

報酬を支払う側も、個人事業主に場所の提供をしているぐらい。結果として、その人が短時間でその場所で稼いだ、ということになるんです。

K：じゃあ、むちゃくちゃ進んでいる業界ってことですね。折角なので、今日は市場調査に行きませんか？

O：もう、すぐそうなる～。行きませんよ。

美容師の世界でも、客からの指名の多いトップスタイリストともなれば、時間に対し給料が支払われる雇用契約ではなく、場所貸しや所属といった業務委託型の契約形態となっていきます。

雇用契約と委託・請負契約の違い

	会社員	個人事業主	
契約形態	雇用契約	委託契約	請負契約
契約内容（拘束）	労働時間・場所	業務の遂行	仕事の完成
成果	あまり問われない	問われる	かなり問われる
対価	賃金	報酬	代金
指揮命令	あり	なし	
社会保険	健康保険・厚生年金保険	国民健康保険・国民年金	
労働保険	雇用保険・労災保険	なし	
契約上の法律	労基法・最賃法・労働者契約法 定年法・育児介護休業法	民法・下請法　など	
仕事をする上での法律	民法・不正競争防止法　など	消費者契約法・特定商取引法 家内労働法　など	

接客やサービス、技術によって、指名の数が変わっていくのです。そうすると、一つの場所であっても、自ずと契約形態は混在していくことになります。

ナイトクラブでは、少なからず、働く側に、場所を借りて自分のサービスで稼ぐといった感覚の人がいるのです。

これは、給料をもらうといった一般的な会社勤めの視点とは、全く異なるものです。

ナイト産業の仕事と報酬の仕組み。それは、働く側の意識が、結果として様々な仕組みを作り上げてきた結果ともいえます。

指名がなければ稼ぎはない
華やかな夜の世界は己の実力が頼りである!!
自分のお客を自分で捕まえ自分の売上にする！フリーランスに欠かせない資質なんですよ
えー
なんかホメられちゃった?
うれしー
ある意味スゴく最先端の働き方なん…
じゃあ今日は?
ウチの店にたくさん勉強しに来てよ♡
…ハンターかな?
行けません
そこを何とか
ガッ
僕も仕事が
いやホント
ちょっとだけお願いしま…
行かないったら!!
座るだけでいいんで
…マジ
ゴリゴリに誘わねばいけない日もある。

6　会社を辞める

会社を辞めてフリーランスになろうと思ったらどうしたらよいか？　とっても気になりますよね。

まず、退職すると気になるのが社会保険。これまでは、会社の保険に入っていたけれど、会社を辞めたら、今度は何の保険になるのかが分からない。

そもそもどこへ行って何の手続きをしたらいいのか。

コレ、誰も教えてくれないですもんね。

ということで、どこまで会社がやって、どこから自分でやるのか、整理しちゃいます。

G（会社員）：フリーランスになろっかなって思ったらどうしたらいいんですか。

M（相談員）：まず、１ヶ月以上前に会社に辞めるっていいます。自分の代わりの人が会社にいないような場合は、３ヶ月以上前に言うのでもいいですね。

あんまり早く辞めるっていうと気まずくなるっていうのもありますけど、やっぱりこれから事業をやっていく人なんですから、気づかいも必要です。

なるべくなら退職日は会社と話し合って決めるなど、円満退職を心がけましょう。

ちなみに、1ヶ月以上前に言わなければならない根拠は、一般に会社の就業規則に書いてあるからです。

民法では14日前でも良いことになっていますが、業務の引継ぎや代替人材の採用もありますから、会社から訴えられないようにしたいところです。

会社員である以上は、辞めるにもルールはありますので、就業規則や会社のルールに則ってということになります。

ちなみに最近、退職代行会社なるものが出てきて、退職者の代理人のような形で何だかよく分かんないことやっている会社、ありますよね…。

会社を辞める時に、そういった会社を使う人がいますけど、あれは法的にはビミョーなんですよ。弁護士でない人がやっていると、それは非弁行為といって弁護士法に引っかかる可能性があるんです。

それから、退職手続きなんかも同じで、社会保険労務士でない人が行うと社労士法に抵触しますからね。なので、そーいう怪しいのに引っかかっちゃうことのないよう、辞める時は自分で会社に言いましょうね。

M：で、退職日が決まったら、社会保険（健康保険と厚生年金保険など）と雇用保険から抜けることになります。

この手続きは会社がしますが、退職日後の手続きになります。退職日後というのは、当然ですよね。退職日までは会社をまだ辞めていないわけですから。

会社が行う手続きは、雇用保険がハローワーク、社会保険が年金事務所で、それぞれ被保険者資格の喪失の手続きです。

それぞれ書類が提出されると、審査に入り、その後問題なければデータベースに記録され、「資格喪失確認通知書」なる書類が会社に届きます。

ちなみに、各手続きに審査が必要な理由は、不正な基本手当（いわゆる失業給付）の受給や不正な保険証利用などがあるからです。

日本の保険制度（3割負担でOK）や日本の医療（薬剤を含む）は充実しているので、海外をはじめ悪意ある人たちにターゲットにされているのです。

そんなわけで日本の医療費増大を抑止する意味でも審査が必要なんですね。

G：っていうか、日本の医療保険が崩壊するから、もっとちゃんと審査してくれ〜って感じで

すねぇ。

なので、いずれにしても、すぐには公的な証明は出ないので、この辺りは審査っていうのも大事なんだということで、理解しておきましょう。なお、**本人に交付される公的な退職証明は、雇用保険の資格喪失証明書などが一般的です。**

G:先生、フリーランスを始めるまでの間、ハローワークの給付をもらいたい場合はどうしたらいいんですか。

M:失業の給付は、会社を辞めて仕事を探している人が失業中にもらう給付だから、フリーランスをすでに始めていたり、準備に専念しているって人は基本、もらえないですよ。

W(デザイナー):ひえぇぇ。それじゃあ、軌道に乗るまでの間のお金、皆さんどうするんでしょう?

M:貯金〜。借り入れも方法としてあるけど…。っていうか、これから事業をやっていく人なら、もっと、ちゃんと計画しておかなきゃです!

でも、フリーランスになるって決めた訳じゃなくて、仕事を探していますっていう状態なら、ハローワークへ行って求職の申し込みはできますからね。

G：へ？それだと、失業の給付がもらえるんですか？

M：給付をもらうには色々な要件があるんだけど、仕組みとしては…。

失業の状態にある日について支給される手当を「基本手当」といい、基本手当の日額は、原則として、離職直前６か月に支払われた賃金の合計金額を１８０日で割った金額（賃金日額）のおよそ80％～45％となっています。

給付額や給付される期間は、雇用保険に入っていた期間、年齢、離職理由で変わります。（→左頁参照）

この給付をもらうには、離職票をもってハローワークへ行きます。そこで求職の申し込みをして、失業の認定を受けます。受給のための手続き後、７日間の待期期間を満了した後となります。

ただ、**自分の意思で会社を辞めた場合（自己都合退職）は、原則2ヶ月の給付されない期間（給付制限期間）を経てからの給付となります。**

M：ということで、給付を受けるには、会社から離職票をもらう必要があるから、会社に「離職票が欲しいです」って言ってくださいね。それから、基本手当（失業給付）とは直接は関係

[一般の受給資格者]

被保険者であった期間／離職した日の満年齢	１年以上 10年未満	10年以上 20年未満	20年以上
全年齢	90日	120日	150日

[特定受給資格者・特定理由離職者]

被保険者であった期間／離職した日の満年齢	１年未満	１年以上 ５年未満	５年以上 10年未満	10年以上 20年未満	20年以上
30歳未満	90日	90日	120日	180日	-
30歳以上35歳未満	90日	120日	180日	210日	240日
35歳以上45歳未満	90日	150日	180日	240日	270日
45歳以上60歳未満	90日	180日	240日	270日	330日
60歳以上65歳未満	90日	150日	180日	210日	240日

※特定受給資格者…倒産・解雇等により、再就職の準備をする時間的余裕なく離職を余儀なくされた者
※特定理由離職者…期間の定めのある労働契約の期間が満了し、かつ、当該労働契約の更新がないことにより離職した者、あるいは心身の不都合や何らかの事情で通勤困難など正当な理由のある自己都合により離職した者

[就職困難者である受給資格者]（障害者等）

被保険者であった期間／離職した日の満年齢	１年未満	１年以上
45歳未満	150日	300日
45歳以上65歳未満	150日	360日

ないんだけど、**離職票をもらうついでに、確定申告等で必要になるので「源泉徴収票もお願いします」**って会社に言ってくださいね。

離職票は退職日後、最後の給与が確定してから会社で書類が作成されハローワークに提出されます。なので、給与の計算日が遅い会社では、離職票が発行されるまでには時間がかかることがあります。

W：時間がかかるのはそーいうことだったんですね。

◆再就職手当

それから、求職の申し込みをした後、色々考えてやっぱり起業しようと思ったら、「再就職手当」なんてものがもらえる場合があります。

再就職手当がもらえるケースは、基本手当の受給のための手続きをした後、待期期間を満了した後に事業を開始した場合です。

起業の前日までの失業の認定を受けた上で、基本手当の支給残日数が所定給付日数の3分の1以上あることなどの要件があります。

[再就職手当の支給日数と金額]

所定給付日数	支給残日数		再就職手当の額
	残が３分の１以上 （支給率 60％※1）	残が３分の２以上 （支給率 70％※2）	
90 日	30 日以上	60 日以上	基本手当日額 × 所定給付日数の支給残日数 × 60％（※1） は 70％（※2） 基本手当日額の上限 6,1 5 円（60 歳未満） 5,013 円（60 歳以上 65 歳未満） （令和３年７月31日までの額）
120 日	40 日以上	80 日以上	
150 日	50 日以上	100 日以上	
180 日	60 日以上	120 日以上	
210 日	70 日以上	140 日以上	
240 日	80 日以上	160 日以上	
270 日	90 日以上	180 日以上	
300 日	100 日以上	200 日以上	
330 日	110 日以上	220 日以上	
360 日	120 日以上	240 日以上	

※１就職日がH 29.1.1 前の場合は 50％
※２就職日がH 29.1.1 前の場合は 60％

所定給付日数が90日の場合は、待期期間満了後1ヶ月の期間経過後より対象となります。給付額は、基本手当の6割〜7割です。所定給付日数の「3分の2以上」を残して起業した場合は「支給残日数の70％の額」が支給され、所定給付日数の「3分の1以上」残して起業した場合は「支給残日数の60％の額」が支給されます。

G：お〜。早く起業すると給付率が高くなるんですね。

W：しっかし、色んな制度があるんですねー。

G：先生、在職中から病院にかかっている場合はどうしたらいいんですか。

M：通院しているような場合は早く保険に入りたいですよね。公的な退職証明書類の発行が遅い、そんな時は、会社に退職の証明をお願いすると良いです。

ただ、これは会社が任意で証明するものです。

国民健康保険（国保）への加入にあたっては、公的書類の提出を求めてくる場合がありますので、不安であれば役所に確認しておくと良いです。

W：ここまでが会社の手続きですね。

M：そう。退職した後は、今度は自分で手続きをします。

社会保険（健康保険と厚生年金保険など）から抜けたら、次は国民健康保険と国民年金に入ります。国民健康保険への加入は、健康保険の任意継続や家族の扶養を選択しない場合です。

国保へ加入する場合は、自分で市区町村役所へ行って手続きをします。持っていく書類は、印鑑、身分証明書、マイナンバー、社会保険から抜けた証明書や雇用保険の離職証明書などです。

G：国保に入らない場合の健康保険の任意継続（任継）って、よくいう「ニンケー」のことですか？

M：そう、任意継続だから略してニンケー。その任継を希望する場合は、退職日後20日以内に自分で、自宅住所地を管轄する全国健康保険協会（協会けんぽ）等で手続きします。

任意継続の被保険者となるには、資格喪失日の前日までに継続して2ヶ月以上被保険者であることという要件があります。だから、誰でも入れるわけじゃない。で、任意継続できる期間は最長2年間。保険料は、これまで会社が半分負担していたけど、こんどは全額自分で負担します。

G：全額自分ってことは、保険料が倍近くになるってことですか。

M：そう。ただ、上限はあるけどね。

保険料は、退職時の標準報酬月額（上限30万円）に都道府県毎の料率を乗じた額で、月初めに送付される納付書で毎月納めます。

保険料は、前もってまとめて納付（前納）することもできます。

この「前納」は納付忘れの防止のほか、割引があります。ただ、任意継続は原則、途中でやめることができません。

G：任継は途中で抜けられないんですかぁ…。

M：制度上はそうなっていますね。でも、保険料を納めない場合は、納付期日の翌日で資格喪失することになるので、保険料を納めないと、喪失ってことになります。

国保の保険料は、前年の所得等から計算されます。**フリーランスになったばかりで収入が少ない場合は要注意です。収入が少なくても、保険料は前年の所得に応じた額なので、保**

険料は高いままということになります。

なので、フリーランスになる場合、医療保険については、国保の保険料との比較で、安いほうに入るというのもあります。

これと同じように住民税も前年の所得に応じて計算されます。

そのため、フリーランスになった翌年の住民税は要注意です。

W：やっぱり、貯金しておかないとダメなんですねぇ。

1年前
マクロとか
ようわかわらんし
使っちゃ
ダメー
あっ
今日中に別の
仕事も頼むよー
上司と
全然合わなくて
ムカついて
辞めたのよ
えー。
上司（バカ）の
せいで毎日残業
だったから
辞めた直後は
ホント
パラダイスだった
わぁー…
あーそろそろ
フリーの案件
さがさないと…
ふわぁ
でも再就職
手当がまだ
残ってるな…
まいっか
明日で…
根っこ
生えてたよ
ホーント
土日とか
みたいですね
っていうか
エブリサンデー
だから
ダラみが
ほとばしる
退職は計画的に

7 フリーランスでの所属

個人事業主は、事業者なので、一匹狼みたいなもので、誰かに雇われているわけではありません。

でも、業種によっては、どこかの会社に所属するようなケースもあります。

プロスポーツ選手やタレントさんのように、活動する場所がある程度決まっていて、一人だけの力では難しいような場合です。

D（大道芸人）：まさに俺のことじゃん。モンブランプロモーション所属、演芸場ホームグランドのバニ太郎です！

今日は、個人事業主であっても、仕事をする上では注意が必要ということで、「大道芸人のバニ太郎さん（D）」が、来所しています。

D：で、先生。フリーランスとして、いくつかの会社と契約を結ぶような場合も、注意が必要なんですよね。

O（所長）：そう。バニ太郎さんのようなタレントさんや芸能人が、**複数の会社とスポンサー契約をする場合は、それぞれどの様な契約になっているか、制約の有無については、把握しておかなければなりませんね。**

例えば、事務所所属のタレントさんがビール会社と契約したとします。

そして、TVコマーシャル（CM）に出る場合、どんな問題があるんでしょうか？

D：うおお、いいですね～。僕もCM起用されてみたいです。…だけど、問題とかあるんですか？

O：ありますよ！　スポンサー契約した場合は、向う数年間、同業他社の広告に出ることができないんですよ。

D：へー。そーいうのあるんですね。

スポンサーとなる会社は、商品や企業イメージを大切にするんです。タレントさんが商品や企業のイメージキャラクターとして認知されれば、そのタレントさんが活躍すればするほど、その商品や企業を思い出しますよね。それがイメージ戦略と言われるものです。

D:なるほど〜。それじゃあ、ライバル会社の宣伝なんかは当然できませんね。ということは、同じようなCMには出られない。…つまり、お金が稼げない。あ〜っ！だから出演料って高いんですね！　顔と名前が一致するって、ホント大事なんだなぁ〜。

O:ご名答〜。スポンサー契約しているにもかかわらず、その会社のライバル会社の宣伝しちゃったら大変でしょ。

D：たしかに、そーです。

O:それから、たとえば、家庭用洗剤を作っている会社なんかは、そのCMで起用するタレントさんだったら、家庭的な雰囲気のある人にお願いしたいですよね。

D:そうですね。あああっ。タレントさんがやらかしちゃったら、これも大変な問題になっちゃう。

O：ですです。なので契約書に、これはOK、これはダメって、ビッシリ書いてあるんです。

で、タレントさんはそれを確認し、契約を守る必要があるんですね。

守らないと違約金や損害賠償請求がドーン！

D：いくつかの会社と契約するとなると、色々と注意が必要なんですね。

O：そう。法律は色々とあって、引っ掛かっちゃうことがあるんです。それから、**フリーランスで仕事を請け負うような場合には、その取引において、「利益相反」や「双方代理」になっていないかは確認した方がいいです。**

D：リエキソーハン？　ソーホーダイリ？　なんか難しいです。

O：そう。まず、気を付けたいのは利益相反。

利益相反って言うのは、自分の所属している会社において、その会社の利益になるように動き報酬をもらっておきながら、その会社の利益と反する取引に自ら当事者として関わり、所属している会社の利益を毀損《きそん》（利益を損なう）させるような場合です。

D：えーと……ムズイっすね。う～ん。つまり、自己中心で、美味しいところ取りだけしちゃダメってことですねっ。

O：なんか、すっごい飛躍しているけど、結果的にはそんな感じ…。

それから、双方代理。

双方代理は、自分が所属している会社と取引のある別な会社とも契約をし、この会社間の取引において、それぞれ代理で自分が動くような場合で、これも禁止されているんです。

D：わかります。…八方美人ですね。

O：うーん。なんか違う様な気がするなぁ。でも遠くはないね。

　要するに、取引関係にある会社の仕事を、その間に入り同時に受けるとなると、法的な問題があったりするんです。

　なので、こうした懸念があるものについては、避けておいた方が無難なんですね。

D：ふ〜ん。ちょっとビビっちゃいますね。

O：いやいや、普通の感覚で取引するなら大丈夫ですよ。

D：フツーの感覚…。

TLを見てると
しょっちゅう頭によぎるのは
ユズまき
いっちゃんとゴハン
シュラスコおいしー
もしもSNSでバズったら…!!
ちょwww お前有名人じゃんwww
仕事いっぱい
夢いっぱい
バズったので宣伝します
競合他社の皆様
バニ太郎さん投稿拝見しました!!
私たちの中からスポンサーを選んでください!!
C社
B社
A社
え〜〜 皆オレの大事なスポンサーだよー♡
ニコ
ニコ
法的にムリィー
ヤダァー
え〜それは−
C社
B社
A社
そういう人気者に私はなりたい

8　費用はどれだけ必要か？

フリーランス生活には、漠然とした不安をもっている人も多いものです。

実際、フリーランス生活では、どれだけの費用が必要なのでしょうか。

G（会社員）：自分でやっていく時って、最初のお金はどれぐらい必要なんですか？

O（所長）：どんなことをやるのかにもよりますが、自分の生活以外にも事業をするにあたってのお金の用意は必要です。税金や保険、年金、家賃に水光熱費や通信費…全部、自分でお金のやりくりしないといけません。

まず、一人で始めるフリーランスの場合は、いくらあれば生活できるかを考えます。

貯金を切り崩していくと不安が増すので、はじめからお金をかけるのではなく、生活自体を見つめ直し、節約できるものは節約します。

事務所や店舗が必要な事業では、開業資金や設備資金として、敷金・礼金、内外装費・設備費、広告宣伝費など、また、運転資金として、家賃や水光熱費、材料費、一人でできないときは、それプラス人件費など、数ヶ月から数年程度の資金を準備します。

このうち、負担が大きいのは家賃と人件費です。

◉開業資金・設備資金……敷金・礼金、内外装費、設備費、広告宣伝費など

◉運転資金……家賃、水道光熱費、材料費、人件費など

事業を始めるにあたっては、数年先まで見据えたお金のやりくりは計画しておきます。どれぐらい費用が必要かは、紙に書き出すことから始め、自分のお金だけでは足りない場合は、合わせて資金調達を検討します。資金調達にあたっては、事業計画書を作成します。

G：お店とかやる時は、まとまったお金が必要になりますよね。

O：そうです。自分の預貯金だけでは足りない場合は、外部から資金調達するんです。

資金調達には、公的融資や民間融資、クラウドファンディングや助成金・補助金などが

あります。助成金や補助金は、返済不要であったりするのですが、資金調達の多くは、借り入れです。借り入れの場合は、事業計画のほか、自己資金の額によって、借り入れできる額が決まります。

G：それにしても色々あるんですねぇ。借り入れはどれが良いですか？

O：開業時の借り入れに限っていえば、公的融資はまずは検討した方がいいです。

公的融資は、日本政策金融公庫の創業融資や、地方自治体の制度融資。

これから起業する場合や創業間もない場合は、まずは日本政策金融公庫の創業融資を検討するのが良いですね。

ただ、融資は借りたお金ですから、当然、返さなければなりません。

なので、返すあてがない場合は借りてはいけません。

いずれにしても個人事業の基本は、事業に必要な収入と支出を把握することが必要です。出ていくお金と入ってくるお金の管理ができていないと、不安になるものです。

不安が多くなってしまうと、せっかくの自分の才能も発揮できなくなります。

不安を減らすにはどうしたらいいか。それには、次の３つを意識するとよいです。

＊固定費をなるべく下げる
＊入ってくるお金の中で生活する
＊なるべく借金をしない

先が見えないことは不安ではあるけれど、だからこそやりがいもあるものです。
フリーランスは、チャレンジを楽しむぐらいの気持ちも必要です。

スポンサーがいるってのも簡単じゃないんよー
俺がこのカッコなのも元はと言えば…
太郎くん!!
何その衣装!!
あー帽子とズボンもらったんですよー
From A社
From B社
完全スポンサーロゴ丸見えやんか今日の協賛社様のライバル企業やで
主催
ほんでこれを着て
えーわもうとにかく脱いで
そんないきなり
ポイ
下はこれ
ハイ!!もうこれでステージ立って
バニー!!
生足
マジで!?
っていうカンジ…
まあ人気も出たから結果オーライ?
へぇー
色々あるのねー
転んでもタダで起きてはならない。

第2章
「イケるフリーランス」の営業の実際

N：ジャン・アリ（謎のトルコ人）

W：市川透子（Webデザイナー）

1 フリーランスの営業の実際（アーティスト・職人・クリエーター）

S（手作り作家）：先生、フリーランスの人って、どんな営業しているんですか？

O（所長）：営業ですか…。フリーランスっていっても色々ありますからねぇ。でも、第一線で活躍するアーティスト・クリエーターたちは、考え方が確立されていますから、それは参考になるかもです。

S：他のクリエーターさん達の考え方、とても知りたいです！

まず、創作系クリエーターをはじめとするアーティストの人は一言で言うと「変人に見せかけた孤高の人」っていう感じですね。

寿司職人やフレンチ、バーテンダーなど職人の世界でも究極の「美」を追求していて、似た感じはありますね。

大胆な考え方をする人もいるけど、それは魅せ方だけであり、実はコツコツとやっていて、話しをすると驚くほど「考えが深い」のです。

いわゆる奇抜な現代アートを制作している人でも共通しており、とても努力家なんです。でも、それを一切見せない。

何をもって成功というかは分かりませんが、皆、一応に自分の信じるものを探し追いかけ続け、それで10年以上やっていけている。

決められた時間に会社に行って、会社や家族のために一生懸命仕事をしている人からみると、これが異世界に映り、もの凄くカッコよく見える。

フリーランスっていいなぁって！

でもまぁ、これについては、隣の芝が青く見えるのと実は一緒なんですけどね〜。

ただ、フリーランスの人の周りには、同じような志の人が集まる傾向があって、お互いに刺激を受けながら、自分の考える、あるいは信じる道を進んでいるっていうのはありますね。

お金ではない何か…。

これこそが「自分の信じる美学」や「生き方そのもの」で、フリーランスとしてやっていく本当の意味なのかもしれません。

S:アーティストやクリエーター、職人として有名になるにはどうしているんですか？　ときどき、一気に人気に火が付くことありますよねぇ。

O：ブレークのきっかけは、タイミングと運というのもあるように思います。ただ、運を掴むために、皆、閉じこもってはいないというのは確かです。最近はSNSから火が付くなんてこと、ありますね。

ひょんなきっかけや紹介からコラボがあったり、プロジェクトが始まったり、著名人が注目することでブレークするなんてことがありますね。
だいたいは、「いいね〜。」、「面白いじゃん」、「それやろうよ」などです。

創作系の場合は、色々と公募とかもあるのですが、ブレークのきっかけは、型破りな視点から発生しています。

職人の世界は、絶対美の追求や独自のスタイルなどが、メディアや著名人に取り上げられて、注目されることが多いようです。

S：なるほどー。やっぱり人の繋がりや出会いは大事ですね。

O：そうです。ただ、それだけじゃなく、人格的に人として魅力的であることも条件のように思います。

チャンスを逃さないようにいつもアンテナを張り、情報収集する。その情報収集する過程で、慢心しない、驕《おご》らない心を作る。これは、心・技・体といったところでしょうか。

今は、消費者の目は厳しいですからねぇ。

O：で、作品やサービス、商品を通じて情報を発信する。これがとても大事です。
自分のやりたいことをやってお金が稼げるのなら、こんなに嬉しいことはありません。でも、食べていけるようになるまでは大変で、アルバイトをしながらの創作活動もあるでしょう。
環境によっては、心が折れそうなときもあるかもしれません。そんな時は誰もが通る道といいきかせ、ただ、ひたすらに自分の考えるもの、信じるものを表現し続ける。
フリーランスだからこそ、目指すべき頂《いただき》でもあるでしょう。

営業力はもちろん
めっちゃ大切だよ
ひょい
ひょい
バニ太郎
大道芸人
俺は事務所に所属
しているけど
SNSも自分で
やってるしね
やってるうちに常連
も増えるから
中野めい子
フリーエステティシャン
効率を上げる
仕組みは作って
いかないとね
固定のファンが
できると強力だね
← 著書3冊
斎賀瑞樹
トレーダー
発信力は現代の
フリーランスなら
鍛えておかないと!
俺も発信で
稼ぎたい!
わぁ
何するの?
フォロワー8万人
湯月ユズ
ハンドメイド作家
わかんない
けど何か!!

2　フリーランスで働く場所

フリーランスになって、おしゃれなカフェでコーヒー頼んで、そこで仕事をする。
フリーランスのだいご味でもあります。
良い仕事は一杯のコーヒーから！

今日は、「トレーダーの斎賀瑞樹さん（T）」に連れられて、新しくできたカフェに来ています。

M（相談員）：フリーランスたるもの、どこでも仕事ができるってのはあるのですが、コーヒー一杯で何時間も仕事に精を出すのはどうなのかというのは、よく言われていますよね。

自分的には「働いている俺ってカッケー」とかになるのですが、お店側からすると「早く席あけてほしーなー」ともなるところですよね。

T（トレーダー）：てへぺろ。

W（デザイナー）：「あそこは安くていい」とか、「何時間いても怒られないから大丈夫」といった考え方になっちゃっていますねぇ。

M：も〜っ！自分中心の考え方では、ダメっ。

W：……自分の環境がばっちり整うまでは勘弁してくださーい。

M：ちょっとぉ！絶対整える気ないでしょ！

これまで、何も注意されたことがない、というのはお店側の善意だったのかもしれません。

そこに座って粘っている限り、席の回転率が下がってしまうわけですから、店側は何か言いたくなるのも分かります。お客さんとはいえ、店側だって仕事でお店を開けているのですから。

自分の事業を継続、成長させていくためにも、他人が提供するサービスやビジネスモデルを理解できるようになるのは大切なことです。

フリーランスならば、お店もまた事業主であるという認識をもって、自分の行動が周りに与える影響についても考えておきたいところですよね。

W：会社で働いてた時は、場所ってあまり考えたことなかったですねぇ。

フリーランスは、自前でオフィスを借りて、会社員の時のように毎朝出社する必要はありませんよね。

ですが、**「きちんと仕事ができる人」だとみんなに思ってもらえるようになるには、やはり「ちゃんとした場所」でしっかりとした仕事をしたいものです。**

M：じゃあ、質問！　仕事してはいけない場所にはどんなところがあるでしょうか？

W：え、仕事しちゃいけない場所ってあるんですか？

ノマド（〝遊牧民〟の意味）生活やノマドワーカーにあこがれて、場所の制約から逃れたくて…こんな理由でフリーランスになるという人もいるでしょう。場所だって自由がいいという人もいて、昨日と今日とで違う場所で仕事をしたい人もいるでしょう。

もちろん、働く場所を選べるのもフリーランスの魅力の一つです。また、そうした環境を整えるのも、フリーランスならではというものです。

インターネットでテレワークが可能になり、最近はメールで要件をすべて済ませてしまうこともできます。シェアハウスだろうがホテルだろうが、日本だろうが海外だろうが、場所は一切関係なくなっています。最近ではカラオケやファミレスで仕事をする人もいます。

でも、すべての職種がそうであるわけではありません。

クライアントやユーザーによっても変わります。

もし機密情報を扱う仕事だったら…オープンスペースでの仕事。仕事を頼む側からすると…あり得ないシチュエーションだったりもするわけです。

W：それ、分かります！ 仕事で秘密保持契約（NDA）結んだことあります！

M：でしょ？ 保険営業やファイナンシャルプランナーのようなお仕事もです。

T：あぁー。兄（H）ちゃんみたいな仕事だとたしかに厳しいでしょうね。

電話代行サービスやシェアオフィスなども便利ですが、フリーランスになる場合は、仕事を依頼する側からの視点で考えることも大切です。

ディズニーランドで仕事をしています！なんて話をして、ネタになってそこから仕事が増える、というようなこともないわけではありません。

でも、非常識な人だと思われることがないよう、この辺はバランス感覚も問われるところです。

T：誰でも見られるようなところで仕事すると、対外的な信用を落としちゃうリスクが……。

M：そう、**仕事を受ける以上は、セキュリティは重視！** それには、どこで仕事をやっているのか、場所も大切よね。

また、大事な商談を対面でするときは、人のいない静かな場所でというのもありますよね。

それから、**フリーランスは信用が大事なので、連絡先不明、所在地不明はありえません。**オフィスは必要のない職種だから、住所なんかどこでもいい、と思っていても、仕事をお願いする側からすると、きちんと仕事をやってくれるのか、メールだけでは不安でしかありません。

場所の信用という面では、自分で借りているマンションが事業をするのに問題なければ、自宅を拠点にするのも方法でしょう。

仕事を頼む側は、連絡が常にとれる状態であることは、絶対の条件なのです。

そうした安心感を仕事の発注者や委託者が重視していることをフリーランスは理解して

おく必要があります。

T：はーい。気を付けます。

W：えっ、斎賀さんはトレーダーなんだから、場所はどこでも大丈夫なのでは？

T：ほかにも色々やってんだ。俺、意外と忙しいよぉ。

交流&もくもく会
最近引っ越した
いやー 物件を探すのとにかく大変でした…
オツカレー
それやったらシェアハウスとかもよかったんちゃう？
ビールサーバあったり
オシャレな自宅&オフィス!!
フィットネスあったり最近は設備すごいよ～
んー
プライバシーが気になるんで…
ユカプセル
斎賀さん、拠点大阪ですよね
シェアハウスで全部仕事しているんですか？
あー 俺も色々住んでねー今のオフィスは…
ユ●バ
ゆっ ゆ●ば!? それはテーマパークでは!?
何するの
オラー!!
めっちゃオモロい。
テンション上がるしおすすめ♡
いやいや そういうことじゃなくてー!!

3 店舗営業の実際

フリーランスの職業は、イラストレーター・ライター、作家・クリエーター、音楽家・ミュージシャン、カメラマン、ＴＶ・メディアの制作・編集者、ディレクター・プロデューサー、プログラマー・ＩＴエンジニア、芸能・タレント、プロスポーツ選手、美容師、治療家、医師・士業者の他、食の職人やソムリエ・バーテンダー、ホステス等、色々とあります。

ここでは、その中で店舗が必要な職種の営業をステージ別に見ていきましょうか！

N（トルコ人）：在日10年の忍者大好きジャン・アリ（N）です。出身はトルコ共和国です。今まで移動販売やってきました。今度、飲食店開きたいです。資金あります。よろしく。

M（相談員）：ジャンさん、よろしくお願いします。

N：それで、飲食店を開くにはどんなステップが必要ですか？

M：場所は決まっていますか？　それから、個人と法人どっちでやるんですか？

N：場所の希望はありますけど、他は、まだ決めていないです。

M：そうなんですね。場所はカ・ナ・リ重要ですよ。**飲食業は「一場所・二価格・三味覚」なんですよ。**

N：なんですか、それ。「一富士・二鷹・三茄子」みたいですね。

M：ジャンさん、「一富士・二鷹・三茄子」、よく知っていますね〜。それになぞらえた造語ですよ。飲食店で大切な視点が3つあって、大切な順に場所、値段、味になっているんです。ちなみに、価格帯は決まっていますか？

店舗経営では、来客数を増加させることが最重要課題です。椅子やテーブルの数、そして稼働率と回転率、お客さん1人当たりの単価、1人で対応できる人数と時間など。

1人でお客さんを応対するのが難しいときは、予約制にするか、人を雇い入れることになります。色々なシミュレーションをすると採算ラインが分かり、場所や内装コスト、価格設定が見えてきます。また、回転率を上げるための設備というのも明確になってきます。

M：コレ、とっても重要なんですけど、**実はロクに試算もしないで事業を始めちゃう人、多いんですよー。店舗の場合は初期投資が大きいので、感覚でやっちゃうのはリスクありすぎですからネ！**

店舗経営をするとなると、もっとも気になるのはお客さんの来店数ですよね。

店舗の安定経営には、サービスや事業者の技術はもちろんのこと、マネジメントは非常に大切です。

《事業計画を立てる際のポイント》

・開設場所はどこが良いのか（立地、場所・階数、賃料、内装など）
・営業日や営業時間をどうするのか
・自分の報酬はどうするのか
・椅子やテーブルの数や時間、単価はどうするのか
・客数を増やす仕組みはどうするのか
・個人経営の方が良いのか、法人経営の方が良いのか

店舗開設時は1人であることが大半です。看板を掲げて、「ここから頑張っていくんだ」

と夢や希望に溢れている一方で、経営面では不安もあるでしょう。

まず夢や希望というのは、店舗をやっていくモチベーションとなります。

自分の持っている技術やサービスを使って、お客さんを笑顔にし、自分の力で元気にできることが、大変面白いわけです。

もちろん、面白いばかりではないですよね。

開業したものの、お客さんがきてくれるかどうか。売上は上がるのか。

事業を続けていると誰しも避けて通れない不安はあるものです。

それでも、店を経営するという夢の実現は目指す価値のある挑戦です。

N：場所とサービス内容・料金が決まったら、次は何を決めたら良いですか？

M：次に決めるべきものは営業日と営業時間です。

N：じゃあ、24時間３６５日営業でダイジョウブ！　店閉める時間はもったいないので、不眠不休でバリバリ働きます！

M：頼もしい心意気ですね！　でも、不眠不休はどうなんでしょうか…。

働くのは自分なので長く開けても辛くはないでしょうが、体には限界があります。

フリーランスは体が資本です。事業を長く継続させていくためにも「自分をいつ休ませるのか」はきちんと設定しておきます。

N：じゃあ、月曜定休にします。

M：き、決めるの早っ！　次は、自分の報酬や保険をどうするか。これには個人と法人の違いがあるからね。

また、自分自身の報酬や社会保険についても考える必要があります。

個人事業で開設すると、店の売り上げは自分の収入であり、毎月固定の報酬をもらうわけではありません。これに対し法人で開設すると、会社の資産と個人の資産は別物。店の収入が毎月上下しても自分の報酬は原則、変わりません。

社会保険についても考えます。

社会保険は、公的医療保険や年金保険などですが、セーフティネットとしての機能があり、万一のときに役立ちます。

M：従業員はどうするの？　自分一人だけでは現場が回らなくなったら、機会損失になるからねー。それから評判も落ちちゃうから。

N：あーたしかに。そうだね、じゃあ分身の術を使うか、どっかのタイミングで人を入れないとだね。

来客予想数を基に経営計画を立てるワケですが、人を入れるにあたっては、まず採用コストがあり、毎月の人件費や社会保険などの法定福利費も考える必要があります。

また、店の営業時間とは別に、労働時間についても意識しなければなりません。

従業員同士の人間関係にも気を付ける必要があります。

人を雇い入れる場合は、人件費や各種手続きについても、知っておかなければならない制度や仕組みがあります。

《開設時・雇い入れ時のポイント》

・営業時間と労働時間、休憩、休日をどうするのか（特例措置対象事業場44時間）
・研修時間はどうなるのか
・8時間を超える場合の残業代はどうしたら良いのか
・「変形労働時間制」とはどのような制度か
・求人募集はどうしたら良いのか
・給与水準はどれくらいか

・給与はどう決めたらよいのか
・契約書はどう書いたら良いか
・労災保険や雇用保険はどういう仕組みなのか
・健康保険や厚生年金、国民健康保険や国民年金との違いは
・給与計算や年末調整はどうやったら良いのか

人を入れるとコストや法的責任が増え、色々と大変にはなりますが、資金を把握し、人材を定着させると、自分の気持ちにも余裕が出てきます。どんな業態でも、収入と支出のバランス感覚を養うことは大切です。

〜その後〜

M：お店流行ってますね！　素晴らしいです。

N：ありがとう先生！　おかげさまだね！　で、２店舗目やりたいよ。

今の店舗の経営が安定してくると、次に考えるのが複数店舗展開です。
店をブランディング（知財化・情報産業化）して、何十年も続く企業になるような組織を作っていきます。

どこまで自分が新しい店舗の運営に関わるかも重要です。

体は一つですが、各店を同時にマネジメントする必要が出てきます。業務範囲を見直したり、管理者人材を育成することも必要で、経営者が毎日、各店に行かなくても現場を回せる仕組みを整えていきます。

よりスピーディに仲間と一緒に、という人はフランチャイズ化でその仕組みを作っていくという考え方もあります。

・ブランディングはどうするのか（知財・情報産業化）
・管理監督者としての責任と権限はどうしたら良いのか
・インセンティブをどう与えるか
・どこまで各店舗でやるのか（業務範囲）
・研修システムやノウハウをどう守るのか
・業務の効率化はどうするのか
・経費の削減はどう進めていくのか

2店目を始めるとなれば やはり新しく人材を確保する必要があります
これも難しいです
人材…となるとやっぱり
うーん
はい まずは募集を
分身の術ですかね
…………は?
いや前から気になってたんですよー 日本人めっちゃ働けるじゃん? 絶対忍者力のおかげだと思って
残業とか
カローシとか
違いますよ? 忍者力?
三重県に本物がイるって聞きました!!
誰から!?
弟子入りして分身の術を学びまス!! 分身がいれば労働力2倍!! 人件費そのまま!!
それ色々間違ってる
善は急げですヨ
行ってきマーす!!
パァーーン
ジャーン!!
ネオ☆働き方改革

4 報酬の決め方

G（会社員）：フリーランスとして、たくさん働いたとき、その働いた時間はお金になるんですかね。自分がもらうお金ってどうやって決まるんですか？

O（所長）：なんだか、受け身の質問ですねー。

G：あー、でも報酬ってどーやって決めるんですか。

S（手作り作家）：たしかに…。

金額設定、気になりますよね。

でも、ちょっとその前に、気になるのは、個人事業主としての「時間」に対する意識と「もらう」っていう意識のほう。

O：個人事業主は、毎月給料が出るわけではないので、自分がその仕事に関わる時間と得られるお金に対する意識っていうのはとても大事なんです。なので、お金にシビアになることも、時には必要ですよ。

Ｓ：本当にそうですね。時間でお金は払われないですね。

Ｏ：個人事業主の報酬は、自分で額を決めて、相手に交渉するもんです。フリーランスは営業も自分でやるのですから、金額を決めるのも自分です。

個人事業主が結ぶ業務委託契約や請負契約は、仕事をした成果（成果物）に対してお金（報酬）が支払われるのが一般的なので、契約に特段の記載がない以上は、時間は関係ありません。

業務委託契約や請負契約は、業務遂行方法や業務内容、納期・納品・成果物（仕事の提供）を決めるので、雇用契約の様な時間の縛りはありません。

仕事の完成や業務の遂行が目的なので、何時間かかろうが、数秒で終わろうが関係ないのです。

そのため個人事業主として生計を立てていくには、時間とお金を意識することがとても大切です。もっとも、お金についても「もらう」ではなく、「かせぐ」という意識です。

仕事をするにあたっては、時間についても、もう10分しかないと思うのか、まだ10分あると思うのかでは、成果がだいぶ違ってきます。

フリーランスは、自分で報酬額や料金を決めることができます。営業先がはじめての相手である場合は、料金表や見積書を出して、相手に仕事の依頼を決断してもらいます。契約の成立は契約書で、仕事の発注は発注書、その着手は請書《うけしょ》で確定させます。

料金表などで金額を明示しておくと、仕事を発注する側は頼みやすくなります。

S：報酬の決め方、なかなか難しいです……。

報酬や料金は、取引先との力関係もありますが、需要と供給、コストと投下時間から算出します。

自分自身の能力やスキルは、その希少性が高く需要が多ければ価値は高まります。そうすると、より有利な条件で話を進めることができます。

次頁の表は、料金・報酬設定例です。

[料金・報酬表（例）]

	単価・数量	金額（税別）
●●業務		
・基本●●料	1件あたり	X　円
・出来高報酬	1個あたり	X　%
・知財★★料（1年間）	1件あたり	X　円
▲▲業務		
・基本報酬	月額	X　円
・▲▲業務	1人あたり	X　円
■■業務		
・■■	一式	X　円

仕事の内容にもよりますが、報酬は「定額」と「従量」を上手く組み合わせることも大切です。

定額は、あらかじめ決めた額で、従量は数量に応じて決まる額です。報酬額が大きくなるのは従量制の報酬です。

G：お〜。動画の再生回数に応じた広告収入…イイかも〜！

また、継続業務のストック型（農耕型）とスポット業務のフロー型（狩猟型）の両輪で回すことも意識します。

ストック型は、継続する仕事や毎月安定的に入ってくる仕事で、フロー型はスポットの仕事に近いものになります。

スポット業務は、一つの仕事の額はそれなりに大きくなりますがコンスタントに入ってくる仕事でないため、仕事量を安定させる難しさがあります。

O：仕事の種類にもよるんだけど、目先のお金に捕らわれることなく、短期、中長期で考えるってことも大事ですよね。

毎月ちゃりんちゃりんと入ってくる仕事は事業が安定するので積極的に意識したい所ですが、往々にして仕事を取るのが難しいというのがあります。

O：でね、ここからが大切なお話。条件（報酬）交渉について…。

S：（ごくり）

O：報酬はね、同業者の意識も相当問題なんだけど、当然、開業間もない人っているでしょ。そーいう人は、仕事がまだ少ないので、実績を作る目的で、採算度外視で価格設定しているんですよ。

それから、自分が個人で相手が大手であると、足元を見てくる場合があるのね。

これは、あくまでも一般的な話ですよ。

業界によっては力関係がすでにあって、パワーゲームみたいになっちゃってるところもあるんです。

この場合、**価格や料金、報酬は仕事を依頼する側の勝手な「モノサシ」でお金を決めちゃうのね。**

あなた新人だからいくら、ベテランだからいくら、これができるといくらみたいなことになっていて、これが嫌なら仕事あげないよー、みたいなことね。

で、結果、立場が弱いと言い値になってしまう。

まぁ、こーいう優越的地位で取引することを公正取引委員会（通称、コウトリ）ってとこが取り締まっているんだけどね。

S：…たしかに、構造自体そうかもです…。新人の場合は、実績が欲しいから、安くても仕事引き受けちゃうんですよねぇ。

O：それから、問題なのは著作権。これは著作物を扱うフリーランスの人に限られる話なんだけど、この権利擁護については、正直、何とかならないものかと思うんですよね。

権利には、知的財産権（知財）があるよね。

この知財、同意が一般的にあるんだけど、それが包括同意になっているものが多いんです。で、この包括同意がクセモノなのよ。

とくに権利の買い上げは、遣《や》る瀬《せ》無《な》さ１００％で、大手は買い取ったモノを何度も使い回す。まぁ買い取りだから、当然なんだけどね。

Ｓ：広く色々な人に知ってもらえると、クリエーターとしては嬉しいです。でも、自分が同意したことなんですが、お金の部分では、広まれば広まるほど、後で悲しい気持ちになります…。

Ｏ：そういうの、あるでしょ。なので、**買い取りとなる場合は、それを十分に理解した上で契約する。そして契約書を確認することが大事なんですね。**

もし契約書がなかったら、メール等の送受信でログを取ること。

で、フリーランスとして、二次使用についても制限をかけるなり、期間を定めるなり、対価である報酬をきちんと決めておく。

自分自身のブランディングや今後のＰＲ戦略とのバランスを考えて報酬交渉するんです。

自分で色々作れるってすごいですよねー
グッズのハンカチ買いますよ!!いくらです?
ありがとー1100円です
←イベント明け
作るのは勿論楽しいけどそれ以外が…
値下げ要求する人とかタダでコラボ商品出させようとする企業とか…
原価厨
まけろ
今後も仕事回すからさぁ
えー大変！あ、じゃあ…
はぁ無理だよヴォケ
蔑。
って言えばいいんですよー
人の努力に金払えねークズは皆滅びればいいの♡
怖い!!
気持ちはわかるけど…
人件費はタダじゃない

Ｏ：業界の常識は、世間の非常識であったりもするんです。

Ｓ：なるほど。フリーランスの地位を上げるためにも、しっかりとした考えと行動というのが大事ですね！

5　仕事を増やす仕組みづくり

個人事業主のフリーランスの多くは、料金（報酬額）設定で悩むんです。

で、その設定は需要と供給がポイント。


報酬設定が上手くいって、仕事に繋がったとしても、お客さんの求める品質やスピードで納品できなければ、次の依頼はありません。


これ、相当なプレッシャーですよね。

営業において、背伸びして仕事を受けても、実力があまりにもかけ離れていれば、やはり、これまた次はありません。

それどころか、その人からの紹介は今後期待できず、そのルートは、基本それで終わり…実力社会は、本当にキビシーです。

W（デザイナー）：先生、フリーランスになって、自分の仕事を増やすにはどうしたらいいんですか？

M（相談員）：フリーランスは紹介が大切なので、まずは依頼者の期待以上に応えること。親身な対応は必ず心に響くから。

W：うわぁ！　真髄ですね。

M：**起業で多いのが、理想を追い求めるがゆえに顧客のニーズが掴《つか》めず、かけ離れてしまうこと。自己満足になってしまうのはダメ。**見せ方としてクールでカッコいいのはいいんだけど、顧客あっての自分なんだと意識しないとね。

W：理想とは違うよなぁー。

M：それから、**金額そのものもあると思うの。最近は消費者もシビアなので、内容と価格が見合っているかもあるから、紹介を考えるのであれば、紹介しやすい価格っていうのも大事ですよ。**

自分の価値（能力）は高いとして、より高い報酬を求めても、払う側がそれに見合っていないと判断すれば、仕事は提供してくれないんですよね。

お試しは１度はあっても、２度目はない…。

つまり、フリーランスで仕事をしていくには、受託する仕事内容と投下する時間、自分のスキルを照らし、自分が事業として継続して「イケる！」と思うかの価格が、ラインなんです。

で、見積書を作る。いくらで仕事を受けますよ〜、ちなみに税別だからね〜、と示す。これが重要。見積書を出すことで、相手が聞いてなかったなどのトラブルが減るんです。

W：しかし、金額の設定ってホント難しいですよねー。

M：たしかにね。なので、着眼点としては…。

安くして、時間のかかる仕事取ってきても大変じゃない？　手離れが悪いとか。だから、将来的に、投下時間に対する報酬額で自分の首が締まらないようにする！　身体は一つ、時間は有限なので、安く仕事を受けてしまうのも考えものなのね。仕事を取るには安くするのも方法だけど、忙しくなってくると自分の首が締まる。で、仕事が雑になる。下った評判は挽回するのに時間も掛かるし、客離れもしてしまうので、その辺りは戦略が必要よね。

自分自身のＰＲにも繋がるような名前の知れた会社との仕事の場合は、額は安くても受託は前向きにしたいところ。

でも、安すぎると職業の地位自体を下げることにもなりかねないので、本来価格を必ず提示した上で割引き明記し、その仕事を実績として紹介できるようにするなど、許諾交渉を条件とする事も方法の一つですよね。

ただ、守秘義務があるような場合は、取引先名公開は絶対にダメ。

信用されるには口が堅いというのが前提でもあるので、これは逆効果にならないようにしないとね、注意、注意！

W：うほっ！目から鱗の情報ばかりです！　先生、顧問料払います！

M：いりませんよ。お金稼げるようになったらね～。

W：うぉ～。まさにこれかぁ！　先生の事、紹介したくなるじゃないですか！

自分のファンを増やす＝何かあったら頼ってくれる＝仕事につながる！

仕事を増やすには、何かお願いしたいことがあった時に、その人の顔が浮かぶかどうか。高い品質のサービスや技術は当然のこと、個性を出しながら、自分が愛されるキャラクターになるというのもポイントです。

また、営業では、相手の印象に残ることが重要。名刺やトークで記憶に残す、ことは古くからある手法ですが、やはり大切なことです。

ただし高級なものを売る場合は、見た目も重要で、相手から見て憧れる存在でなければなりません。

必然的に「値段相応のもの」を身に着ける必要が出てきます。

また、仕事を増やすにはクイックレスポンスも大切です。

いい仕事をして「あの人にお願いすれば間違いない」というのも大切です。そのイメージを浸透させていくことに注力します。すると紹介やリピートは高まります。

飲食店と同じで、「あの店なら失敗しないよね」という方向に人は流れていきます。

一度ファンになってもらえれば、少しずつ「常連」が増えて、自分の活動を支えてくれるようになります。それが、事業を長く続けられるコツです。

M：仕事を増やす仕組みづくり、ついでに虎の巻ね。

需要と供給に着目して、自分の得意分野を明確にすること。

専門性があればもちろん良いのですが、専門性が弱ければ、業界や、納品、サービス提供する時間や価格で差別化が図れるようにすること。

また、自ら売り込むだけでなく、他人に関心をもってもらうように仕掛けを考える。

紹介は効率的で費用があまりかからないので、紹介を増やす努力をする。
目の前の客には全力で応対するが、決して強引に売り込まないこと。

M：次はメンタル編。

努力は必ず報われるので、目の前のことをサボらず誠実にコツコツとやり続けること。
ギブアンドテークは、ギブのみ意識すること。
人のために動いても、その人からのリターンは無いと思うこと。
人のために動くと、仕事というのは巡り巡って、全く関係ない所から来るものです。
実感が湧かなくても、そう信じ続けること。
協力者を増やすには、ターゲットを決め、自然な形で自然な関係を築くこと。

ということで、どの仕事にも必ず鍵があり、そこにはキーとなる重要な人物がいます。
そのキーとなる人が協力してくれるようになると、仕事の依頼が始まり、それが連鎖していきます。

ゲーム実況ってやってみたいけど俺でもできるかなぁ…
最初はちょっとずつですよー
うーん、ドカンと行きたいんだよね！
そんな君にオススメなのが
シュッ!!
動画力UPオンラインサロン!!
1日5分でチャンネル登録者激増!!
月収ウン百万
うわぁ…
憧れの人より人気者になれる
詳しいことはセミナーでね…
はーい
まっ、丸井さーん!!

６　どうするクレーム対応

フリーランスとして忙しく仕事をしていると、事の大小こそありますが、様々な問題に直面します。

その一つがクレームです。

取引先が増えれば、その増えた分だけ忙しくなりますし、色々なタイプの人と接する機会が増え、それに応じてクレームも出てきます。

一生懸命に仕事をしていても、色々な相手がいますから、コミュニケーションが悪ければクレームの1つや2つは出てきます。

自分に落ち度があるならまだしも、時には言いがかりの様なクレームもあるでしょう。

W（デザイナー）：クレームにはどんなものがあるんですか。

O（所長）：数が違う、納品が遅い、値段が高いなどです。期待するレベルの成果物でないなど、品質に関するクレームもあります。

クレームには、数、時間、品質、お金に関するものなどが多いです。
クレーム、本当に嫌ですよね。
フリーランスになりたてなら、仕事面でも色々な不安があります。
はじめての仕事。やったことのない仕事。納期の短い仕事。
携帯電話が鳴るたびにドキッとすることもあることでしょう。

W：それ、携帯電話恐怖症です！

O：アハハ。そんな病名はないですけど…。こういうのが原因で体調を崩す人はいますよね。
クレームは無いに越したことがありませんが、事業をやっていれば、大なり小なりクレームは発生するものです。
そんなときは、クレームは一定の率で必ず発生するものと理解し、粛々と対応するよう心掛けると良いです。

W：実際のクレーム対応はどうしたら良いですか。

Ｏ：クレームは初期対応が大切です。

まずはクレームの原因を探り、自分に非があればなるべく早く謝り、非が無ければ丁寧に説明する。

文句や小言、些細な問題でも、初動が遅かったり、対応を間違えたりすれば、大きな問題へと発展しかねません。

でも、色んな人が居ますから、丁寧に説明しても理解してくれない場合はあります。

立場を使いマウントを取って、憂さ晴らしする人もいない訳ではありません。

Ｏ：そんな場合は、精神衛生上宜しくないので、今後は取引しなくて良いです。

Ｗ：勇気づけられるコメント。かっちょいいです。

だってフリーランスなんですから、取引相手も自分で決められます。

心の中で「媚《こ》びる必要なんかない。相手の会社はその程度の会社なんだ」と。

変な担当者なら、数年たてば居なくなってるからと、自分自身に言い聞かせちゃいましょう。

W：それ最高です！

O：でもね、クレームって、実はネガティブな面だけじゃないんですよ。

W：えええええっ？　そうなんですか？

O：そう、クレームは、法的な問題へと発展すると、それはそれでメンドクサイですけど、実はチャンスと考えることもできるんです。

クレームになったらチャンスと考えるのも「あり」なんです。

クレームが発生すると、相手は対処方法や対応方法を見てきます。

これまでは、事務的な繋がりでしかなかった相手が、発注した仕事や委託した仕事を通じて、あらためて相手は仕事の成果を意識するようになります。

仕事を受ける側からすれば、注目状態です。

そのため、誠意をもって対処すれば、見る目が変わります。

そのとき相手の期待以上であれば、今まで以上に相手は関心を示すようになります。

クレームは、ときに相手との距離を縮めてくれるのです。

信じられない様な話ですが、クレームをきっかけに信頼関係が深まり、さらなる仕事の

依頼や、紹介が出てくることも、実は少なくないのです。

市川、原因は何なんだ？
あのー今見てたんですけど
向こうでデザインいじろうとして失敗してますねコレ
あーそうなのか
けっこーぐちゃぐちゃになってますね
いいぞ明日でもおまえのせいじゃないんだし
先に寝るわよ
…いや
クライアントもそうですがサイトを見にくる人にも申し訳ないので今日やります
…そうかよろしく
対応完了しました。乙です
AM 3:42
対応は誠実だし
また仕事やるか…
一日百客
スースー
見ている人は見ている

7　ブランディングを考える

今日は、フリーランス働き方相談所のオフ会です。本日のテーマはブランディング。

エステティシャンの中野めい子さん（E）と保険営業の斎賀恭志郎さん（H）が参加しています。

営業で重要なのは、対外印象と信用。はじめての相手と仕事をするときは、お互い相手のことはよく分からないですよね。

そんなとき、はじめは見た目や話し方、法人格があるかないかで判断するしかありません。

H（保険営業）：営業は、第一印象がすべて。だから「ミテクレ」って大事なんだよね。

E（エステティシャン）：特に清潔感よね。良く言われているのが、清潔感UPならワイシャツはブルー。誠実さはホワイト。パリッといくならスーツはグレー。信頼感強めに出すならブラ

ウンみたいな。

G（会社員）：おー。さすが！

T（トレーダー）：仕事ができそうな雰囲気って必要〜。


仕事は相手との約束（契約）から始まります。これは法人でも一緒です。

仕事をお願いする側（発注者）は、受託者（請負人）の「信用」を重視します。

そのようなことから、仕事を振る側は、信用があるところに仕事を発注するというのがあります。


仕事をしていて、取引先が嫌うのは債権回収ができないこと。

お金をもらう側だと、一番気になるのは相手がお金を払ってくれるかです。

これは、個人間のお金の貸し借りでも同じですよね。

お金を貸す側は、相手の信用を重視するのです。

ちなみに、**取引先は、個人の信用が担保できないので、個人より法人（会社）を好む傾向があります。**


対外印象の向上には、「ブランディング」が有効です。

ブランディングは、営業上はかなり重視すべき点です。

H：高級なブランド品を買うときなんかもそうだよね、店の雰囲気があって、包装紙とかも立派で…。

S（手作り作家）：で、ものすっごい金額になっている。

G：なるほど。自分を高く見せるためには「ミテクレ」も大事なんですね。

D（大道芸人）：誰かの紹介でなら、そこまでじゃないけど、はじめて行く先では印象次第だから、インパクトは大事だよね〜。

N（トルコ人）：バニ太郎さんは、インパクトあるね、最高だよ！

営業は紹介が一番ですが、紹介を得るためには、自己PRは重要ですよね。

この自己PRこそ、対外印象であり、ブランディングです。

社名や屋号を考えて、ロゴや事業案内（過去の実績）など、パンフレットやポートフォリオを作って営業する。

見た目や話し方、サービスや技術は当然のこと、社名（屋号）やロゴ、実績は、営業戦略においては、とても大事なんです。

G：よし、僕もお店作ったら、ロゴはユズちゃんにお願いするから！

S：わー！ありがとう！

N：わたしはホームページ、イッチーにお願いするよ。

W：ジャン・アリがとう！

ブランディング営業は、対外印象が命。

将来的にお金が入ってくる可能性のある部分ですから、力は入れるべきポイントです。

初めはケチケチでやることも大切ですが、リターンが本当に見込めるのであれば、積極的にお金をかけるのも「あり」です。

この部分は、業種によっても違いますが、事業をしていく上では、売り上げをつくっていく重要な部分ですから、力を入れても良い部分です。

お金をかけるところはかける、こういったスタンスも大切でしょう。

要はターゲティングだ客に合わせてサービスを提供した奴の勝ち
集客
誰に
何を
どうやって
へー。
戦略が必要ですね
一流の営業マンは客の気持ちを分析するプロだからな!!
はっはっは
私の気持ちは一つもわからないのにね
スタ
スタ
あー次の予定が
ヤバい心停止だ
ああああ
わああああ
あ
恭さーーーん!!

第３章
「イケるフリーランス」の社会保険のすべて

1 フリーランスの病気やケガ

フリーランスになると、まず気になるのが病気やケガです。

日本では国民全員が安心して生活できるよう国民皆保険・国民皆年金制度として普及しています。

スゴイですよね〜。

これにより、どんな職業でも、いつでもどこでも平等に、医療と年金を国民全員が受けられるようになっているんですから。


ケガをしたり、風邪を引いたりすると、病院に行くわけですが、その際、かかるのが医療費です。

医療費とは、簡単に言えば医師への治療代金で、保険証を提示すれば、この治療費が3割（※）程度の負担で済むことになります。

※年齢と所得に応じて1割〜3割程度となります。

W（デザイナー）：バニ太郎、風邪ひいたんだって。
G（会社員）：マジで⁉　まぁあんなカッコしてたらそら体調も崩すよな……。
W：それな。
G：それにしても国民皆保険ってスゴイな。
W：たしかに。３割の負担で〝いつでもどこでも〟がすごい。

医療保険には、会社員とその家族が入る「健康保険」と、それ以外の人が入る「国民健康保険」があります。

年金の場合は、「厚生年金保険」と「国民年金」です。

個人事業主でやっているフリーランスは、国民健康保険と国民年金です。個人でフリーランスをやっていた人が、会社組織にしたら、健康保険と厚生年金保険になります。

で、これらを「社会保険」というんですが、実は社会保険の定義って広い意味と狭い意味があるので分かりづらいんです。

なもんだから、ほとんどの人がイメージだけで話しているんです。

ちなみに、広い意味の社会保険は、年金や保険のすべてをいい、狭い意味の社会保険は、

[いろいろな社会保険]

社会保険（広義）			
	会社員	社長	フリーランス
社会保険（狭義）	健康保険	健康保険	国民健康保険
	厚生年金保険	厚生年金保険	国民年金
労働保険	労災保険	無	無
	雇用保険	無	無

会社員に適用される健康保険・介護保険、厚生年金保険のことをいいます。

健康保険と国民健康保険は、病院等の窓口で支払うの医療費の自己負担額は原則3割で一緒ですが、国民皆保険とは言え、保険に入っていなければ10割の負担となります。

治療費が高くなった場合には、10割はかなりの出費といえます。

フリーランスは労働基準法など、働く人の法律は適用されませんから、休業による補償等はありません。そのため、ケガや病気にならないよう自己管理が大切になります。

★保険制度とは？

保険制度とは、病気やケガなど保険事故に備えるべく保険料を予め国などの保険者に払って被保険者になっておき、いざ病気やケガがあった際に、治療やお金という形で、保険給付を受

風邪とかひくタイプなんだねぇ……
ウサギは誰か世話をしないと死ぬでしょ
つまりそーゆーこと
どーゆーこと？
病院は行ったの？
病院は…保険証ないからなぁ…
はー？保険証ないってお前……ありえないだろう
シュ
ゴホ ゴホ
会社員→
ありえないとは言い切れない
諸事情があるフリーランスにおススメな保険はこのHPライフ100
Pライフ100
大手快天グループが出した日常の医療費を節約できる保険で……
はいはい、それも大切ですけど
まずは国保の加入から始めましょうね
あちょ、まだ説明が
グイ
グイ

けられるといった制度になります。実際の治療代が仮に３，０００円だとすると、保険証を持っていれば病院等の窓口で払うのは９００円程度ですむことになります。残りの２，１００円は、国などの保険者が払ってくれるのです。

これが医療保険と言われるもので、保険に加入する人（被保険者）が毎年保険料を払っておけば、いざケガや病気などがあったときに、この保険が適用され、給付されるという仕組みになっています。

2 まずは保険証の取得から ～病気やケガに備える～

医療保険は、健康保険（健保）と国民健康保険（国保）の大きく2つに分けられていて、日本に住んでいる人は全員加入です。

なので、国民皆保険っていうんですね。

で、運営しているのは国や地方自治体で、「保険者」といいます。

ただ、大企業や職種によっては、健康保険組合（健保組合）や国民健康保険組合（国保組合）があります。この場合、保険者はそれぞれ、その組合となります。

健康保険は、会社に勤める人を「被保険者」といい、その人が扶養する家族を「被扶養者」といいます。

国民健康保険になる人は、それ以外の人たちで、国民健康保険には扶養といった考え方はありません。

[いろいろな国民健康保険]

<table>
<tr><th>国保組合名</th><th>加入できる人</th><th>本人</th><th>家族</th></tr>
<tr><td>文芸美術国民健康保険組合</td><td>日本国内に住所を有し、文芸、美術及び著作活動に従事し、かつ、組合加盟の各団体の会員である者とその家族。</td><td>組合員１人
月額　19,900円
満40歳～64歳は介護保険料として＋月額4,300円
（令和２年４月分より）</td><td>家族　１人
月額10,600円
満40歳～64歳は介護保険料として＋月額4,300円
（令和２年４月分より）</td></tr>
<tr><td>東京芸能人国民健康保険組合</td><td>フリーの立場で芸能活動をしている実演家・制作スタッフ等とその家族。</td><td colspan="2">保険料は、所得割額（上下限あり）、均等割額、世帯平均割額から算出</td></tr>
</table>

健保組合や国保組合は、被保険者にあたる加入者や組合員の保険料と保険給付のバランスで運営します。

そのため、組合の財務状況が良ければ、独自の給付があったり、保険料が安かったり、定額であったりします（逆の場合もあります。その点は要注意です！）。

ちなみにフリーランスの人が入ることができる国保組合はいくつかあります。

国保組合は、業種等での縛りがあります。

例えば、文芸、美術、著作、芸能活動をしている人であれば、上のような国保組合があります。

国保組合の保険料は、本人や家族、従業員、年齢などによって決められています。

業種は確定申告書の職業欄等で判断されること

が多いようです。

実際の加入の可否や保険料額については、各国保組合に問い合わせるとよいです。

健保組合や国保組合は、収入や家族構成によっては保険料が安くなるなどのメリットはあるのですが、財務状況の悪い組合も多くあり、組合の解散等も増え、問題となっています。

W（デザイナー）：会社に勤めていた時は会社がやってくれたけど、保険証ってどこでもらうんですかね？

H（保険営業）：保険証は役所だよ。

W：……保険証つくりに行ってきます。

H：いっちゃん、作ってなかったの!? 保険証だけじゃなくて、ついでに国民年金の手続きもした方がいいよ。

個人事業主として事業を開始するフリーランスは、医療保険は国民健康保険に、年金は国民年金へと加入することになります。

これらは、市区町村の役所で手続きをします。

手続きにあたっては、印鑑や身分証明書、マイナンバー、収入証明等が必要となります。事前に役所に電話をして、持っていく書類を把握しておくとよいでしょう。

W：バニくん、風邪大丈夫？

D（大道芸人）：治った〜。

M（相談員）：何よりです。

W：それでモナミ先生。保険証つくりに行ったんですけど、国民健康保険の保険料ってどうなるんですか？

M：保険料は自分で納めることになります。

保険料は、健康保険や厚生年金保険とは異なり、会社負担がありません。そのため、医療保険・年金ともに全額自分で払うことになります。

ちなみに、国民健康保険料は、前年の所得に応じて決まり、国民年金保険料は定額です（令和2年：月16，540円）。

国保の保険料は前年の所得で決まるため、会社員から個人事業主になった年の翌年は、思いのほか保険料が高くなることがあります。

窓口
書類で何とかしてもらった
○番の方ー
診察室へどぞー
ゴホ
ゴホ
受付
プラトン
クリニック
診察
風邪ですね
ですよね
新型とかでもないですね
ですか
薬出しとくからねー
会計
本日は900円になります
保険証があると安いよな
いや900円て中々なんだけど
死ぬよりはマシか…
受付
会計2
今の900円は3割負担
1点=10円
ベテラン
診療報酬は300点としてレセプトを提出します
2100円も国が負担してくれてるんですね！
国
個人
おー。

３　会社員との違い

会社員の場合は、業務上のケガや病気は労災保険、業務外では健康保険となります。業務上とは仕事中のこと。通勤災害も労災です。業務外のケガや病気は私傷病のことで、仕事とは関係のない疾病です。

健康保険の加入は、株式会社などの法人がその対象です。

一方、個人事業主のフリーランスの場合は…。

誰かに管理されているワケではないので、ＯＮとＯＦＦのような業務上や業務外のような区別はありません。

そのため、適用される保険は「国民健康保険」です。

裏を返せば、個人事業主のフリーランスには、「労災保険」と「雇用保険」がありません。

労災保険は、労働者災害補償保険のことで、文字通り「労働者」の災害を補償するため

[医療・年金・雇用の違い]

			会社員		フリーランス
			業務上 **労災保険**	業務外 **健康保険**	仕事中・仕事外 **国民健康保険**
医療	病気 ケガ	療養	療養補償給付 自己負担：無	療養の給付 自己負担：原則3割	療養の給付 自己負担：原則3割
		休業	休業補償給付 給付：給与額（給付基礎日額）の約8割	傷病手当金 給付：給与額（標準報酬日額）の約6割	無
保険料			全額会社が負担	会社と半分ずつ	全額自分

		会社員	フリーランス
年金	老齢	**厚生年金保険**	**国民年金**
	障害		
	死亡		
保険料		会社と半分ずつ	全額自分（定額）

		会社員	フリーランス
雇用	失業	**雇用保険**	-
保険料		会社と割合で負担	-

の保険、雇用保険は会社に「雇用されている人」が失業等して収入が無くなったり、少なくなったりした場合の保険です。

で、労働者のための労災保険（労災）は、業務上のケガや病気、通勤災害に対応する保険で、雇用保険は、主に失業した際に給付される被保険者の保険です。

療養のために休業した場合で給与の支払いが無いなど一定の要件に満たす場合には、労災保険から「休業補償給付」が支給されます。

そして、この2つの保険を「労働保険」と言います。

個人事業主であるフリーランスは、雇われている訳ではないので、労働保険（労災保険・雇用保険）の適用はないんです。まぁ、フリーランスは「労働者」ではないので、当然ですよね。

※労災には、一人親方など掛け金に応じて任意で加入することができる特別加入制度があります。そのような仕事の場合は、必要に応じて入ることができます。

ちなみに、会社員が業務外のケガや病気で医療機関にかかると健康保険になります。

こっちも、療養のために休業した場合で給与の支払いが無い場合など一定の要件に合致する場合は「傷病手当金」が支給されます。

この休業に対する給付は、かなり大きな違いです。

個人事業主のフリーランスは、休業した際の給付や失業に対する国の給付がないんですね。

W（デザイナー）：こうしてみると、会社員って色々と守られてますよね。

E（エステティシャン）：保険制度って、学校じゃ教えてくれないから、知らないことが多いのよね。

T（トレーダー）：会社員は、業務上のケガだと労災になって、業務外だと健保になるってことね。

G（会社員）：それで、フリーランスの場合は業務上や業務外という区別はなくて、国保ってことか。

W：なるほど。じゃあ会社にして会社の保険に入るのはアリなんだね。

フリーランスが、個人事業から会社組織にした場合は、会社になった時点で健康保険へ切り替える手続きが必要になります。

社長一人しかいない会社であっても、会社組織となれば、その会社は健康保険の適用事

業所となり、社長は健康保険の被保険者となります。ただ、この場合であっても、社長は労働者ではないので、労災保険（特別加入を除く）と雇用保険は加入できません。

オフ会
リーマン羨ましい時もありますよー
毎月お金もらえて福利コーセーあるってのが強くない？
法律や制度は雇われ側に手厚いの
その代わりに自由が制限されもする
ザ・会社の犬
ケガや病気でも制度が護ってくれるから独立心は育たないわね
言わば
あー
ココに挟まっているようなものよ♡
ココ
雇用保険
労災保険
護《はさま》られてぇーー!!
デカい
スイカ
スゴい
この後全員ハロワ行った

4　治療費が高額になったら？

保険適用で、３割負担。ちょっとした風邪程度の病気であれば、安く済みます。

そういう面では、日本の保険制度って素晴らしいですよね。

病気にあまり罹らない人なら、たまに病院に行って窓口で支払う医療費が千円前後であれば、あまり高い印象はありませんよね。

これは保険が適用されているからなんです。

では、手術を伴う様な大きな病気やケガをした場合は…？

この場合も３割負担です。

ただ、このような病気やケガだと、３割とは言え、この場合はかなり、まとまった額になります。

ケガや病気は突然でもありますから、予期せぬ出費というのは辛いものです。

じゃあ、大怪我しちゃったら、どうしたらいいんでしょうか？

っていうのが、今回のテーマです。

実は、結論から言うと、このような治療には、「高額療養費」という制度を使うことができます。

高額療養費、聞いたことありますか？

1ヶ月にかかった医療費の自己負担額が高額になった場合に、自己負担の限度額を超えた分が、あとで払い戻される制度になります。

すごい制度ですよね～。

なお、医療費が高額になることが予め分かっている場合は、事前に「限度額適用認定証」を病院に提示しておけば、一定額以上はかからなくなります。

E（エステティシャン）：ということは、保険がきくケガや病気であれば一定額以上はかからないってこと？

M（相談員）：そう。1000万円の治療でも、1億円の高額薬剤でも、保険が適用されるものであればそーいうことになりますね。

T（トレーダー）：スゲー！　ヤバいな…。

W（デザイナー）：スゴイじゃないですか、日本の医療！

H（保険営業）：だから、狙われちゃうんだよな（ボソッ）…。

左頁の図は、医療保険制度と高額療養費の仕組みを描いたイメージ図（例：健康保険）です。

保険料と保険給付、診療報酬と保険請求…医療保険の仕組みって意外と知られていないんですよね。

順にするとこんな感じ。

①国民や会社は国に保険料を納める。

②国民が病気やケガをする。

③病院に行き治療を受ける。

④患者は保険適用後の医療費を支払う。

⑤病院は診療報酬を国に請求する。

⑥国から病院に報酬が支払われる。

高額療養費は④の額が高額になった場合に利用できます。

高額療養費はとても素晴らしい制度であるのですが、その一方で、高度先進医療などで

[医療保険制度]

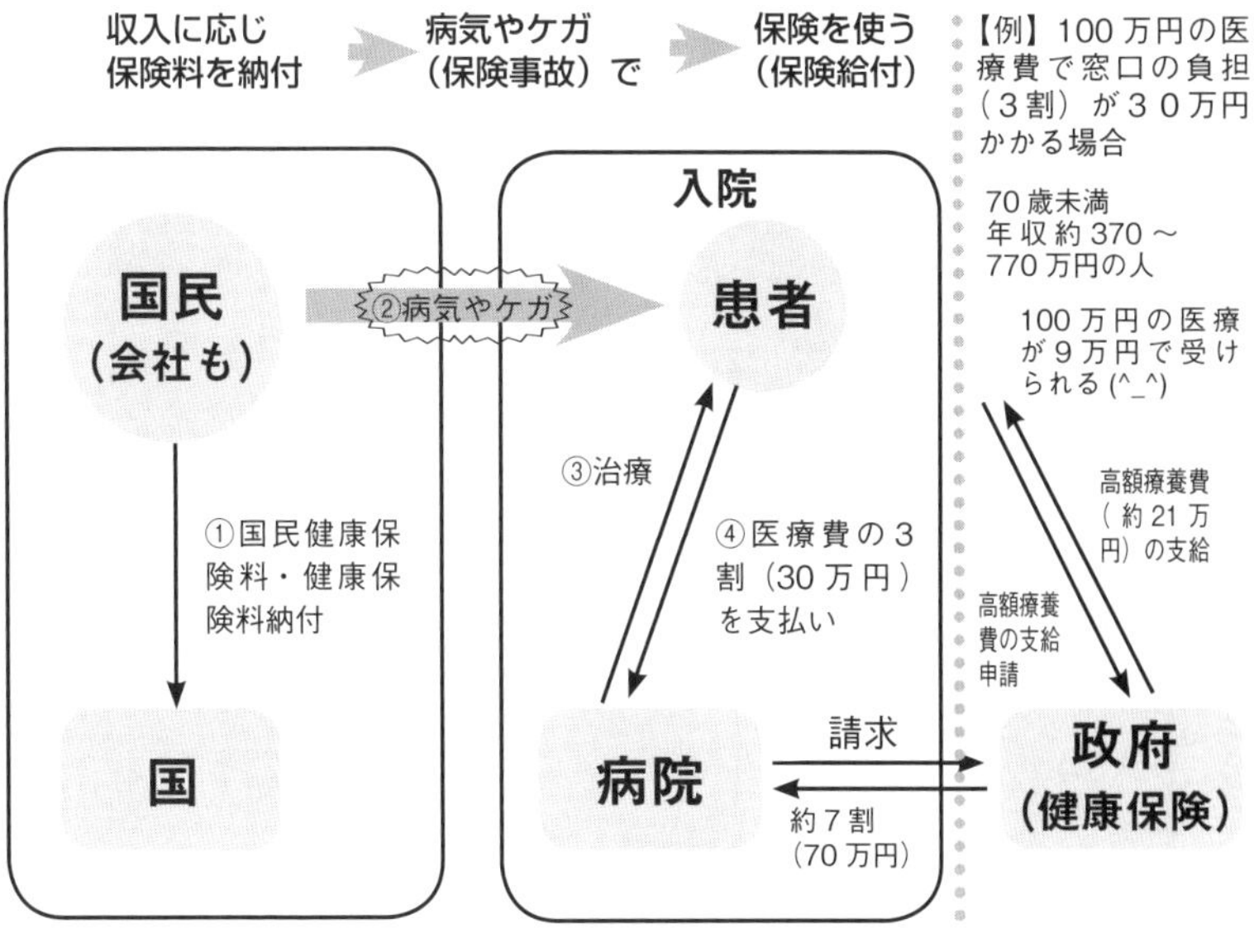
収入に応じ
保険料を納付
病気やケガ
（保険事故）で
保険を使う
（保険給付）
【例】100万円の医療費で窓口の負担（３割）が３０万円かかる場合
入院
国民
（会社も）
②病気やケガ
患者
①国民健康保険料・健康保険料納付
国
③治療
④医療費の３割（30万円）を支払い
病院
請求
約７割
（70万円）
政府
（健康保険）
70歳未満
年収約370～
770万円の人
100万円の医療が９万円で受けられる(^_^)
高額療養費の支給申請
高額療養費
（約21万円）の支給

これが「国民皆保険」！
いつでもどこでも平等
な医療を受けられるの
です。

医療費や薬剤が高額化していることから、また、一方で社会保険の適用審査（国内居住要件・納税義務）の甘さなどから、この制度の持続可能性が問題視されています。

E：思ったより安く済んでよかった。高額療養費の制度ってすごいわね。

H：しかし、こんなことやってたら国つぶれるんじゃない？

T：たしかに…。

ユズちゃんスノボやったことないんだ
うん、今日、スキーにしとくね
お先ー
あっめい子さん
めい子さーん!!
ゴーー
ゴロゴロ
ゴロ
骨折しました。
お前これ保険とか入ってねぇだろ
高額療養費制度があるから大丈夫だよ
どうすんの
そーゆーこと
それより明日の予約が
プルプル
オイよせ寝てろ今度にしてもらえな？
絶対イヤ
エステは手があればいいもん!!

5　フリーランスの年金

フリーランスになれば、定年退職はありません。

気力と体力があれば何歳だって仕事をすることは可能です。

これですよ、コレ。フリーランスの魅力って！

だけど、心配なのは、病気やケガが原因で、生活や仕事に支障が出るようになったり、高齢で仕事ができなくなったりするような場合。

でも、この不安を取り除いてくれるのが、実は年金なんですよね。

巷では、年金制度は、もはや崩壊しているなどと、色々と言っていますが、これは全くの間違い。年金保険料の納付と給付のバランスを「老齢」年金だけで考えるのであれば、こうした議論が出てくるのは分からなくもありません。

ですが、年金制度はそもそもセーフティネットとしての機能があり、老齢以外の死亡や障害までカバーしてくれているんですね。

そのため、老齢年金を金融商品などと同じように、払ったお金と戻ってくるお金だけで見るのは間違っているんです。

なので、年金制度について考えるのなら、福祉年金や私保険のように目的別に分けて、少子高齢化と切り離すことが大切なんでしょう。

ちょっと話はそれちゃいましたが、というワケで死亡や障害までカバーしてくれるのが、この「年金」という制度なんですね。

E（エステティシャン）：保険料高いから払いたくないのよね～。年金だってもらえるかわかんないしぃ。

H（保険営業）：お前、スノボでケガして助かったクセに……。

E：健康な時は保険のありがたみなんてわからないものよ。

社会保障は、加入義務に対する保障の側面がありますから、加入義務のある人が、加入していなければ、当然、保障はされません。

実は、コレ、むちゃくちゃ重要なことを言ってるんです。

年金制度は、福祉目的以外では「保険制度で運用されている」ため、いざ、事故で障害が残っても、加入義務者が保険料を払っていなければ保障はされないのです。

これは、か・な・り要注意です！　もっとも、経済的事情により払えないこともあるので……。その場合は免除や猶予等の申請をしておくと良いです。

安心して長く仕事をしていくには、病気やケガだけでなく、そこから派生する障害や死亡にも、目を向けておく。

そして加齢により収入が少なくなったことも考えておく。

年金というのは、心の拠り所として大切なんですよ。

D（大道芸人）：怪我は怖いよね。怪我＝無収入みたいな。

E：障害が残ったらって考えると、無理はできないね。

H：でもさ、逆にフリーランスだから、障害があっても仕事ができるっていうのはあるよね。

D：おおお〜！　たしかに。

その年金、それぞれ加入できる年齢があります。（↓次頁の図を参照）

日本に住んでいる20歳以上60歳未満の人は、すべて国民年金に加入し、将来、老齢基礎

[各年金の加入者の年齢]

	会社員・社長	フリーランス
年金	厚生年金保険 加入年齢：70歳まで 保険料：給与額に応じる	国民年金 加入年齢：原則60歳まで 保険料：定額（月16,540円）

[国民年金の加入者の種類]

第1号被保険者	対象者	20歳以上60歳未満の自営業者・農業者とその家族、学生、無職の人等、第2号被保険者・第3号被保険者でない人。
	任意加入できる人	(1) 日本国内に住所を有する20歳以上60歳未満の厚生年金、共済年金などの老齢年金を受けられる人 (2) 20歳以上65歳未満で海外に住んでいる日本人 (3) 日本国内に住所を有する60歳以上65歳未満の人 (4) 65歳以上70歳未満の人（但し、昭和40（1965）年4月1日以前生まれで、老齢基礎年金を受けるための受給資格期間を満たせない人。）
	保険料納付	国民年金の保険料は本人または保険料連帯納付義務者である世帯主・配偶者のいずれかが納める。
第2号被保険者	対象者	国民年金の加入者のうち、民間会社員や公務員など厚生年金、共済に加入している人（厚生年金や共済の加入者であると同時に、国民年金の加入者にもなる）。なお、65歳以上の被保険者、または共済組合の組合員で、老齢基礎・厚生年金、退職共済年金などの受給権がある人は第2号被保険者とはならない。
	保険料納付	加入する制度からまとめて国民年金に拠出金が支払われる。厚生年金や共済の保険料以外に保険料の負担はない。
第3号被保険者	対象者	国民年金の加入者のうち、厚生年金、共済組合に加入している第2号被保険者に扶養されている20歳以上60歳未満の配偶者（年収が130万円未満の人）。
	保険料納付	配偶者が加入している厚生年金や共済組合が一括して負担する。（個別に納める必要はない。）第3号被保険者に該当する場合は、事業主に届け出る。

年金を受けます。国民年金では加入者を次の3種類に分けています。

D：年金で「ヒホヒホ」聞くけど、1号・2号・3号って知りたかったんだよね！　芸人みたい。

フリーランスは、第1号被保険者です。第1号被保険者は、日本国内に居住している20歳以上60歳未満の自営業者です。

また、その家族も会社員でなければ第1号被保険者です。毎月の保険料は定額で１６，５４０円（令和2年度）。

ちなみに、40年間納めた場合のもらえる年金額は７８０，１００円（令和元年度時点の金額）です。

これについては、「少なっ」て思うかもしれませんが、個人事業主は、会社員と違って定年による退職がないんです。だから、現役でありさえすれば、65歳を過ぎても仕事が無くて困ることなんかないですよね。人生１００年時代ですから、稼げる力がある人は、ほんと、素晴らしいです！

そういったことで、国民年金は、厚生年金よりも払う年金保険料は定額で安くなっている。そして、その分、厚生年金よりも年金額は低くなっているワケです。

D：ある意味、よく考えられてますねぇ。

ただ、**定年退職はないものの、加齢による収入減は考えられます。**

そこで、国民年金には、従来の国民年金に上乗せされる「付加年金」や「国民年金基金」などの制度があるんですね。

付加年金の保険料や国民年金基金の掛け金は、全額が所得控除の対象となり、所得税や住民税が軽減されます。

E：おおお。人によってお金を稼ぐスキルも違うから任意で加入できる上乗せ制度があるんですね。

国民年金基金は、掛け金を自分で選ぶことができます。

途中での変更もできるため、その年の収入の増減に応じて保険料を支払ったりして、今の自分と将来の自分のお金の負担を調整することができます。

節税対策としても効果があるので、少し収入の増えてきたフリーランスは検討の余地ありです。

例えば、課税所得金額４００万円で掛金が年30万円なら、所得税・住民税の合計で約９万円軽減されます。

そうなると実質掛け金は約21万円です。民間の個人年金が最大年４万円の所得控除というのを考えると、民間の私保険を検討するならって、感じでしょうか。

S（手作り作家）：おおお〜っ。

E：国民年金基金ね！　そーいえば、ラッピング・バスの広告、見たことあるわ！

◆国民年金基金

1. 納めることができる人…第1号被保険者・任意加入被保険者（65歳以上の人を除く）
2. 掛金月額…掛金月額は、加入口数、年齢、性別、給付の型によって決まります。
   ※掛金の上限は、月額6万8，000円です。
3. 申し込み先…国民年金基金に資料請求の上、郵送提出
4. 年金額…年齢、期間、口数による

月に何千円、何万円も払うような余裕がない人には、付加年金という制度があります。

この付加年金はすごい制度で、2年入れば元が取れてしまいます。
国民年金だけの人には、かなりおすすめの制度です。
ただし、国民年金基金に加入している人は、付加保険料を納めることはできません。

S：付加保険料って、すごいんですねぇ！

◆付加保険料

1．納めることができる人…国民年金第1号被保険者・任意加入被保険者（65歳以上の人を除く）
2．付加保険料の月額…400円
3．申し込み先…市区役所及び町村役場の窓口
4．付加年金額…200円×付加保険料納付月数

例）20歳から60歳まで40年間納めた場合→200円×480月（40年）＝96，000円

65歳の支給開始から毎年、年金の総額にプラスされて、10年後には5倍のリターンになります。定年退職のないフリーランスの老後にはもってこいの制度です。

俺の保険料の等級違ってたんですよー!!
おや
おや
サイテーです!!
でもさ、それ放っといたら
その分もらえる年金多くなるんじゃない?
今多く払ったら楽なのでは…?
悩んでる
あっ?!
すっげー悩んでる
何かゴメン
えっでも…
今も大分お金少ない
払いやすく設定されているから等級があるんです
健康保険料もムダ〜
直してもらってください
正しい保険料で正しい年金を
ウンウン

6　保険料はどれくらいか
～独立したてのフリーランスの社会保険料～

G（会社員）：健康保険とか厚生年金とか、給与から引かれる社会保険料って高いよね。

W（デザイナー）：でもさ、これと同じ額、会社が別途、負担してくれていたわけでしょ。

G：だよねぇ。そう考えると会社もたいへんだよね。フリーランスになると国保でしょ。それはそれで保険料が気になるよねー。

W：国保の保険料って前年の収入で決まるんだってね。わたし、高額所得者じゃん。だから、国保だとつらいんだよねー（大嘘）。

日本には、会社を辞めてすぐにフリーランスになった場合は、引き続き会社の健康保険が使えるという素晴らしい制度があります。

任意継続（任継）制度です。

個人事業でのフリーランスは、原則、国民年金と国民健康保険になりますが、会社を退

［健康保険の任意継続制度］

加入先	健康保険の任意継続	国民健康保険	家族の健康保険（被扶養者）
手続先	住所地の都道府県の協会けんぽ支部	住所地の市区町村の 国民健康保険担当課	家族の勤務先
加入条件	・退職日までに被保険者期間が継続して 2 ヵ月以上あること ・退職日の翌日から 20 日以内に手続きすること	市区町村による	・家族が加入している健康保険の扶養の条件による
保険料	退職前の本人負担分保険料の 2 倍の額※ ※上限あり	・加入する世帯人数、前年の所得によって市区町村毎に決まる※ ※減免制度あり	被扶養者の保険料負担なし

職したばかりの人は、「協会けんぽの任意継続」、「国民健康保険」、「家族の健康保険（被扶養者）」の3つから検討するのがおススメです。

　このうち任意継続被保険者になるには、かなり厳格な要件があります。

　任意継続になるには、資格喪失日の前日までに「継続して2ヶ月以上の被保険者期間」があることと、資格喪失日から「20日以内」に申請することの2つの条件があります。そして、**被保険者期間は任意継続被保険者となった日から最大2年間となります。**

　2年間あるので、起業に使えますよね。

W：なんか、ニンケーって数字の「2」ば

つかり…。

M（相談員）：知らないと損をしてしまう可能性もあるので、制度の情報についてはチェックしておきましょうね。任意継続の申請は退職後20日以内。この日付はマストなので、要チェックです！

保険証は申出書提出後、1～3週間程度で郵送にて届きます。

でも、健康保険の任意継続と国民健康保険、どちらが得なのか。気になるのは保険料です。

これまで会社勤めしていた時の健康保険料は、会社と本人とで半分ずつしていたのですが、会社を辞めた後の任意継続は、全額自分で納めなければなりません。ガビーン！とはいえ、任意継続の保険料には上限があるので、国民健康保険料と比較して、どちらが安いか検討してみると良いです。

なお、令和2年では、任意継続の等級の上限は、30万円になっています（月の保険料は都道府県ごとに違いますが大体３０，０００円前後です。）。

あくまでもこれは上限ですので、これより低ければ、その等級に応じた額となり、逆に高ければ、上限である30万円が適用されることになります。

W:そっか、じゃあ会社を辞めた時の給与明細に書いてあった健康保険料の2倍ぐらいってことね。

ちなみに国民健康保険料は、前年の収入によって市区町村の判断で額が決まります。なので、比較をする場合は、住んでいる場所の市区町村に国民健康保険料がいくらになるのか聞いてみると良いです。

ということで、フリーランスで大事な医療保険は、これでＯＫ。
ちなみに、年金には、任意継続のような制度はありませんからね。
フリーランスになったら年金は、国民年金に切り替えることになります（60歳未満の人）。

7 独立したばかりで収入が少ないとき

フリーランスの医療保険は、原則、国民健康保険です。

国民健康保険は、前年の所得に応じて翌年の保険料額が決められます（ちなみに住民税も、同じような仕組みなんですよ）。

会社員だった人が独立すると、国民健康保険料や住民税が翌年、大きな負担になるって話、聞いたことあるかと思いますが、理由はコレなんですね。

だから、独立したばかりで収入が少ないときは、誰かの扶養になることを検討しても良いかもです。

ちなみに、扶養とは、「養われている状態のこと」です。

会社員が加入する健康保険には、扶養の制度（被扶養者の認定）があるんです。

将来に向かって見込み収入が立たないような場合（年間130万円未満）は、被扶養者

の認定をしてもらうことも方法としてあります。

D（大道芸人）：「フヨウ」ってよく聞きますねぇ。

T（トレーダー）：ヒモになりてぇ〜。

M（相談員）：働いてくださ〜い。扶養には実際、社会保険上の扶養と税法上の扶養があるんですよ。

病院で使う保険証というのは、健康保険の方の扶養で、会社でいわれる年末調整で必要な「扶養控除申告書」の扶養は、税法上の扶養です。

税法上の扶養は、扶養する側の税金を少なくするためのものです。

D：なんか、ややこしいですね。

E（エステティシャン）：それぞれ違うみたいな……。

さらに、扶養の場合は、扶養する側と扶養される側の立場がそれぞれあるので、どっちがどっちの話なのか、ぐちゃぐちゃになりやすいんですよね。

それで、フリーランスの収入によっては…っていうのがここでの話。

社会保険上、扶養となるのは、今後１３０万円未満の年収見込みの人。

税法上は、扶養される人の給与収入が年１０３万円以下の人となっています。

で、**扶養する人がいると、扶養する側の税金が安くなって、社会保険は、扶養される側の保険料がかからなくて、扶養する側の保険料も増えないんです。**

D：なんだか、どっちがどっちだか、よく理解しないとわかんないですねぇ。

M：家族が会社員で健康保険に入っている場合は、自分自身が扶養になるっていう選択肢が考えられるんです。

E：なるほど。扶養になると、扶養する側も扶養される側もどっちもお得だから、扶養になるのは、大いにアリってワケですね。じゃあ、扶養になった方がいいかも。

M：う～ん。でも、扶養に入りたいってことは、フリーランスとして収入を増やせないってことでもあるんだよね…。

会社員の家庭であれば、フリーランスになってすぐの場合で、自分自身の収入が見込めない場合は、社会保険の被扶養者または被扶養配偶者となれる場合があります（結婚している人は、被扶養配偶者）。

★社会保険の被扶養者の認定

被扶養者に該当する条件は、原則、日本国内に住所（住民票）を有しており、被保険者により主として生計を維持されていること、そして、次の（１）（２）いずれにも該当した場合です。

（１）同一世帯の条件

①被保険者と同居している必要がない人

・配偶者

・子、孫および兄弟姉妹

・父母、祖父母などの直系尊属

②被保険者と同居していることが必要な人

・右記①以外の３親等内の親族（伯叔父母、甥姪とその配偶者など）

・内縁関係の配偶者の父母および子（当該配偶者の死後、引き続き同居する場合を含む）

（２）収入要件

年間収入（※）１３０万円未満（60歳以上または障害者の場合は、年間収入１８０万円

未満）かつ
同居の場合　収入が扶養者（被保険者）の収入の半分未満
別居の場合　収入が扶養者（被保険者）からの仕送り額未満
※年間収入とは、過去の収入のことではなく、被扶養者に該当する時点および認定された日以降の年間の見込み収入額のことをいい、被扶養者の収入には、雇用保険の失業等給付や公的年金、健康保険の傷病手当金や出産手当金も含まれます（給与所得等の収入がある場合は、月額１０８，３３３円以下であること。雇用保険等の受給者の場合は、日額３，６１１円以下である必要があります）。

被扶養者になると、健康保険の保険料はかかりません。

また、被扶養配偶者になると、厚生年金の保険料もかからなくなります。

結婚している場合は、年金は第3号被保険者となり、この場合は年金保険料もかかりません（60歳未満）。

第3号被保険者は、とてもすごい制度で、保険料を納めていなくても、年金の加入記録は3号被保険者として計上されていきます。

D：会社員の被扶養配偶者で第3号被保険者、無茶苦茶お得ですね。

M：そうなんです。なので、月10万円のアルバイトだと、社会保険の扶養になれるんですね。だから、収入を増やさない方がいいかもってことで、勤務時間数をコントロールする人がいるんです。

T：実際この辺って、国の政策と逆行しているような…。

被扶養者や被扶養配偶者になるためには収入要件があります。

この先1年間ぐらい年収130万円未満で、家族や配偶者等に生計を維持されている状態であるならば、扶養となることができます。

なので、フリーランスになった当初は、家族の扶養となる人がいるんです。

扶養になるには金額が大事です。年収130万円というのは日額換算で約3600円程度。なので、基本手当（失業給付）をもらうなどして、日額が3600円を超えている場合は、その間は扶養となることはできません。

と、色々とあるので社会保険料だけで考えるのであれば、始めから、法人化を検討するのもアリかもってなるんです。

法人になると、健康保険や厚生年金保険は、役員報酬額に応じて保険料額が決まるので、

[扶養になるための収入要件]

<table>
<tr><th></th><th>税法</th><th>社会保険</th></tr>
<tr>
<td>収入要件など</td>
<td>
扶養になるには、その年の12月31日の現況で、次の4つの要件全てに当てはまる人
(1) 配偶者（内縁除く）及び6親等内の血族並びに3親等内の姻族
(2) 納税者と生計を一にしている
(3) 年間の合計所得金額が48万円以下(給与のみの場合は給与収入が103万円以下)
(4) 青色申告者の事業専従者としてその年を通じて一度も給与の支払を受けていない又は白色申告者の事業専従者でない
<table>
<tr><th colspan="2">区分</th><th>控除額</th></tr>
<tr><td colspan="2">一般の控除対象配偶者(70歳未満)</td><td>38万円
※1</td></tr>
<tr><td colspan="2">一般の控除対象扶養親族 ※2</td><td>38万円</td></tr>
<tr><td colspan="2">特定扶養親族 ※3</td><td>63万円</td></tr>
<tr><td rowspan="2">老人扶養親族
※4</td><td>同居老親等以外</td><td>48万円</td></tr>
<tr><td>同居老親等 ※5</td><td>58万円</td></tr>
</table>
※1…控除を受ける納税者本人の合計所得金額900万円以下38万、900万超950万以下26万、950万超1,000万以下13万、70歳以上は老人控除対象配偶者となり同48万、同32万、同16万となる。尚、配偶者は年間の合計所得金額が48万円超133万円以下なら配偶者控除が受けられなくても配偶者特別控除が、配偶者の所得に応じて受けられる。

※2…控除対象扶養親族：扶養親族のうち、その年12月31日現在の年齢が16歳以上の人

※3…特定扶養親族：控除対象扶養親族のうち、その年12月31日現在の年齢が19歳以上23歳未満の人

※4…老人扶養親族：控除対象扶養親族のうち、その年12月31日現在の年齢が70歳以上の人

※5…同居老親等：老人扶養親族のうち、納税者又はその配偶者の直系の尊属（父母・祖父母など）で、納税者又はその配偶者と普段同居している人
</td>
<td>
社会保険の扶養にする日から将来に向かって1年間で見込み収入130万円未満※（60歳以上又は障害者の場合は年間収入180万円未満）
＋(プラス)
【同居】 収入が扶養者（被保険者）の収入の半分未満
【別居】 収入が扶養者（被保険者）からの仕送り額未満

※見込み年収130万円未満
・給与収入がある場合：月108,333円以下
・失業給付を受ける場合：日額3,611円以下

被扶養者に該当する条件は、原則、日本国内に住所（住民票）を有しており、被保険者により主として生計を維持されていること、そして、次の条件の人です。
①被保険者と同居している必要がない人
・配偶者
・子、孫および兄弟姉妹
・父母、祖父母などの直系尊属
②被保険者と同居していることが必要な人
・上記①以外の3親等内の親族
（伯叔父母、甥姪とその配偶者など）
・内縁関係の配偶者の父母および子
</td>
</tr>
</table>

役員報酬額が低ければ、保険料も当然に低くなります。

じゃあ、どのタイミングで法人にしたら良いか。

これについては、消費税や営業上の対外印象もあるからトータルで考えます。

個々の考え方も違うし、年齢や家族構成、そして貯金額によっても変わるので、専門家に相談しながら決めると良いです。

なので、いつとは一概には言えませんが、総合して考える必要があります。

いかんせん仕事がなくて……
芸人はツライよ
僕も若いときはそうでしたね
士業もツライよ
独立したらまずは
一時的に親や配偶者の扶養に入れてもらうなどして体制を整えるとよいでしょう
ニートになるってことですね？
違います
あっ、マ●活みたいな感じ……？
ピーン！
うーん
違うんだよなぁ
ピーンじゃない
いつか独立するために協力してくれる人を見つけようってこと大丈夫？
はーい
初心忘れるべからず

さっぱりした髪型
高級スーツ
キラキラ時計
う〜〜ん……
どうしても差が出ちゃうのよね〜
何でか…
う〜ん
ミテクレは同じですけど…
顔立ち……ですかね？やっぱり
って…あーっ!!
ごめんなさい!!
そんなつもりじゃ
イケメンなんか爆発すればいいのに…

第4章
「イケるフリーランス」の
お金のすべて

K：芳野アイラ（キャバクラ嬢）

1　フリーランスの収入

なんか税金って難しそう…収入と所得って違うの？

どっちがどっちだか分かんなくなっちゃう…なんて言うのは、次の式でもう卒業です！

税金は、社会保険をはじめとする年金制度と違い、いたってシンプル。

著名人が「めんどくさくて…」といって何もやらなかったりするのは、何なんでしょうか。

この本、教えてあげてください。（お願いね♡ウフフ）

個人事業のフリーランスでの売上げ（収入）は、事業所得になります。

所得は、売上げ（収入）から経費を引いたものです。

◉売上＝収入

◉売上－経費＝所得

売上げを作る（収入を上げる）ために、かかった必要なお金（払ったお金）は経費です。画家なら絵の具や筆、プログラマーならパソコン、美容師ならハサミ、ドライバーなら車などです。

そして、この所得から所得控除されたものが課税所得となり、課税所得に所得税率を掛けたものが納付税額となります。

◉所得−所得控除＝課税所得
◉課税所得×税率＝納付税額

というわけで、税金は、「経費」と「所得控除」で考えます。
所得や課税所得が小さくなれば、納付税額は少なくなります。
課税所得を減らし、控除を増やすことで納める税金の額は管理することができます。

W（デザイナー）：ってことは、経費が多ければいいんだね。

S（手作り作家）：それと、所得控除が多ければいいんだ！

基本的にはそのとおりですね。でも、これは納税額から考えたときの話。

売上げがそもそも少なかったら、経費や所得控除については考えるまでもない話なので、この辺りはバランスも大事ですね。
経費とは、売上げに直結する本当に必要なもの。入ってくるお金を作るためのものです。そのため、どこまでが経費になるのか、いかに経費を作るか、というのは、事業本来の視点からすれば、少しズレた視点ともいえます。

W：なるほど。経費ばかりを気にするよりは、何が本当に必要かを考えた方が良いんですね。

それから、フリーランスになったら青色申告はした方が良いでしょう。（P175も参照）
青色申告を適用すると、帳簿の保存義務などの要件を満たすことを条件として、所得控除や欠損金（赤字）を繰り越せるなど様々な特典を受けることができます。所得控除は、納付税額を小さくするものです。
青色申告を適用する最大の特典として、青色申告特別控除として最大65万円の所得控除が受けられます。ただ、**65万円の青色申告特別控除を受けるためには、複式簿記による記帳が必要になりますので、そのためには自分で会計ソフトを購入して決算書を作成するか、あるいは税理士へ依頼して作成してもらうことになります。**もし、複式簿記による記帳は手間がかかるので、できる限り最低限に抑えたいと思う場合は、簡易帳簿による記帳が認められている10万円の特別控除を受けるという選択肢もあります。

なお、青色申告をしている場合で、その事業に従事している同居または生計を一にする配偶者や親族がいる場合は、その人の給与は一部経費となります。

経費もまた納付税額を小さくします。

フリーランスに関係する主な税金には、次のようなものがあります。

（個人事業主）

＊所得税・復興特別所得税
＊住民税
＊事業税
＊消費税

（法人化した場合）

＊法人税・地方法人税
＊法人住民税
＊法人事業税
＊消費税

［所得税の速算表］（平成27年分以降）

課税される所得金額	税率	控除額
1,000円 から 1,949,000円まで	5%	0円
1,950,000円 から 3,299,000円まで	10%	97,500円
3,300,000円 から 6,949,000円まで	20%	427,500円
6,950,000円 から 8,999,000円まで	23%	636,000円
9,000,000円 から 17,999,000円まで	33%	1,536,000円
18,000,000円 から 39,999,000円まで	40%	2,796,000円
40,000,000円 以上	45%	4,796,000円

事業を始めると色々な税金と関わることになりますが、ここでは主に個人事業のフリーランスに課税される税金について取り上げます。

個人事業主に対する税金のうち、所得税や住民税は、所得に応じて税額が計算されます。

個人の場合は所得額に応じて税率が高くなっていく超過累進課税です。

所得税の最高税率は45％ですが、所得税の他に住民税が課税所得に対して10％かかりますので、結果として所得税と住民税を合わせた最高税率は55％になります。

例「課税される所得金額」が７００万円の場合の税額
７，０００，０００円×23％－６３６，０００円＝９７４，０００円

※尚、平成25年から令和19年までの各年分の確定申告においては、所得税と復興特別所得税（原則としてその年分の基準所得税額の２・１％）を併せて申告・納付することになります。

W：払う税金は少なくてすめば、それに越したことはないですよね。

M（相談員）：でも、安ければよいっていう話でもないんですよ。

S：んんん？　どうしてですか？

M：**納税額はフリーランスの信用の裏返しでもあるんですよ。**マンション借りたくても大家さんから断られたことあったでしょ？　アレと同じ。

W：あああ！　源泉徴収票か確定申告書の控えが必要で、そんなこと不動産屋さんから言われました！

M：そうなんですよね。事業を大きくするときに資金調達したり、住宅のローンを組んだりするときに、融通が利かなくなるんですよね。それとか、交通事故に巻き込まれたときの相手への休業補償の請求なんかも。

S：なるほど。所得ありません、収入少ないですってことは、お金が出ないんだ。

最近は、確定申告などで、レシートや領収書を写真で送るとＡＩが自動仕分けするなど、会計ソフトが充実しています。

誰でもカンタンにできるようになるというのは素晴らしいことです。とはいえ、ただ申告し納税すればよいというものではありません。

フリーランスの不安は、申告が合っているかどうか、そして事業を継続させていくにはどうしたら良いかです。

フリーランスは経営においては孤独なので、その良き相談相手がいるかは意外と大事です。

事業を継続させていくために、自分の味方となってくれる人がいるかどうか。

そして、**「申告」において、「人の目を介しているかどうか」、これは大事な視点でしょう。**

・売上(収入)−経費＝所得
・所得−所得控除＝課税額
・課税所得×税率
＝納税額!!
というのが計算式です
諸経費の集計も大変だったりするので本当は普段からまとめておきましょう
レシート集計
はーい
今回は練習
売上でたー!!
たくさん稼いだねー!!
数式で手取り見てみよう!!
あれ…？
私の手取り…
…低くね？
現実はいつも残酷

2　事業を開始したら

D（大道芸人）：なんでも税金〜♪この世は、税金だらけ〜。

K（キャバ嬢）：なぁに？　その歌。

D：税金の歌〜。しかし、たくさん稼ぐ人は、所得税45％、住民税10％だから、合わせて55％。半分以上、税金って。高くてやってられないよね〜。

K：って、まるで稼ぎまくっている人みたいじゃん。ウケる〜。

納められた税金は、ごみ収集や教育、福祉などに使われて、私たちの暮らしをささえるインフラになったり、万一の時の生活保障となったりしているのです。

私たち一人ひとりがきちんと税金を納めることで国が成り立ちます。

…っと、こんなふうに思え、実感できる世の中にもなって欲しいところですが…。

D：よし、オレも税金いっぱい納められるようになったら、たくさん地面踏んづけながら歩くことにしよう！

K：スッゴイ面白い、ソレ。

巷では著名人の闇営業、無申告や過少申告、税逃れの海外転出などが問題となっていますよね。

日本で仕事をし、そこで得たお金。

実際は、取引先や消費者、クライアントあってのもの。

見方を変えれば、税制を通じ、世の中に還流・還元させることは、当然なことです。

では、フリーランスに関係する税金、見ていきましょう！

個人事業のフリーランスは、はじめは収入が安定しないので、不安もありますよね。

ですが、必要以上に不安になることはありません。

まず、事業を開始したら…。

◆事業を開始したら

事業を開始したら、「個人事業の開業・廃業等届出書（開業届）」を所轄の税務署に提出します。

また、青色申告をする場合は「開業届」と一緒に「所得税の青色申告承認申請書」を提出します。

青色申告は、日々の取引を帳簿につけることを条件に、税金面でメリットをつけましょうというものです。

具体的には、最大65万円（簡易帳簿の場合は10万円）の所得控除を受けられるようにし、納付税額を小さくするというものです。

このメリットを受けるには、事業開始日から2ヶ月以内、または1月1日から3月15日までに書類を提出します。

期限が過ぎた場合は、青色申告できるのは翌年からになります。

M（相談員）：なので、期限は守りましょうね。なんでもそうなんですが、期日や期限は守る。これは大切なんです。特に税金は、なんてったって税務「署」ですから。

K：ん？「署」の字が警察署の「署」と一緒じゃんか。ってことは…。

また、従業員を雇ったり、家族に給与を払う場合は、「給与支払事務所等の開設・移転・廃止届出書」を提出します。

それから、青色申告にして、家族に支払う給与を経費にするためには、「青色事業専従者給与に関する届出・変更届出書」を提出します。

青色事業専従者とは、青色申告者の事業に従事している同居または生計を一にしている配偶者や親族をいいます。

経費も納付税額を小さくするものです。

なお、給与を支給する際に所得税が源泉徴収されますが、徴収した源泉所得税は原則として給与支給日の翌月10日までに納付する必要があります。

つまり、源泉所得税は毎月支払うことになります。

ただ、毎月払うのが大変な場合は、年2回にまとめて払うことができ、その場合は「源泉所得税の納期の特例の承認に関する申請書」を提出します。

我々のライフはゼロですぅ…
ぐったり
条件は皆一緒なので…
税金って大変ですねー…
ヤダー
日本に住む人みんなの義務です
アイラさんも払ってるでしょ?
カクテイシンコクシテルヨー?
何でカタコト?!

3　フリーランスの経費

フリーランスで事業を始めたものの、報酬は毎月安定的に入ってくれば良いのですが、中々そうはいきません。

1年目は良かったけれども、2年目はそうなるとは限らない。その逆も然り。

フリーランスに安定的な収入の保障はないのです。

そのため、フリーランスはどうしてもお金のやりくりが必要になります。

売り上げが当初の想定よりも大幅に増えることもあるでしょう。

その一方で、赤字の年もあるわけです。

赤字の場合は、その年の税金はかからないのですが、翌年、黒字になった場合は、税金がかかります。

そこで思うのが、「もし、その赤字が繰り越せたのなら…。」

そんな悩みを軽減させてくれるのは青色申告です。

青色申告のメリットには、先に記載した利益がでた場合の青色申告特別控除の他に赤字が生じた場合に損失を3年間繰り越すことができる純損失の繰越控除という特典があります。

したがって、事業開始当初は赤字が見込まれるような場合は、青色申告を含め節税を考えることも必要です。

それから、お金が入ってくる時期を把握できるなら、売り上げをさらに作るのに必要なものを考えます。

また、時間をお金で買うといった視点もあるでしょう。

D(大道芸人):仕事でタクシーを使ったら、タクシー代は経費だよね。

G(会社員):営業で車が必要なら、営業車の購入代金も経費だよ。

こうしたお金のやり繰りを経営の視点で考えるならば、経費を意識する必要があります。営業車など、高額なものを購入する場合は、中古での購入や、減価償却、リースも検討していきます。

売り上げが安定しているのであればリースですが、単発でドーンと入ってくるのであれば、さらなるお金を生み出すものにお金を使う、そんな視点もあってもいいかもしれません。

そして、**経費計上できるものにお金を使う、です。その際、意識するのが減価償却。**

新品であっても、人の手に渡れば、その時点で中古となり、金額は大幅に下がることになります。

K（キャバ嬢）：車なんかは、中古になると本当に安くなるよね。

G：パソコンもそうだけど、型落ちになるだけで安くなるものって多いよね。

実際、大幅値引きになっても、その価値が、すぐに「0」になるなんてことはありませんよね。

税法では、こうした価値に着目し、耐用年数を設け、その価値を数年かけて目減りさせる方法を取っています。これが減価償却です。新品と中古だと価値が異なりますので、減価償却の耐用年数が異なります。

耐用年数から、経費として落とせる額というのが出てきますので、このあたりを意識するのも方法です。

でも、**フリーランスになる以上は、まずは毎年、税金を納めるくらいの意識でいたいところ。**

なによりも、売り上げを作っていくことに注力したいですよね。

数年前
だーかーらー
無いモンは無いんですよ
税務署
そもそも消費税がイミフです
俺が事業する上では何も消費していな……いっん
パアン
チッ
つべこべ言わずに出しなさい
税務署
てめーの命を消費してやろうか?
次は当てるよ
いやホント消されると思って……
国家権力って怖いよなー……
逆に何で反抗したの?
えーヤダー
死と税金からは逃れられない

4 フリーランスに関係する税金

次からはフリーランスに関係する税金です。

◆所得税

所得税は国に納める税金で、所得に応じて税額が決まります。

個人事業主のフリーランスは事業所得に対して、所得税額が計算されます。従って、原則として事業所得がある人は確定申告が必要になります。

ただし、給与所得者で年末調整等により税金計算が完了し確定申告が不要な人で、副業としての給与所得以外の所得が年間20万円以下の場合は、確定申告の必要はありません。

なお、フリーランスの場合、業務内容に応じてお客様から報酬が支払われる際に、支払者（お客様）の方で所得税を源泉徴収する場合があります。

源泉徴収は税金の前払い的な性格のものですので、個人事業主は確定申告する際に源泉徴収された所得税を精算して納付することになります。

なお、事業所得を計算する際に様々な所得控除がありますが、所得を得ている人すべてに適用されるのが「基礎控除」の48万円（本人の合計所得金額が２４００万円超の場合は段階的に少なくなる）です。

そのほか、生命保険や地震保険に加入している場合は、保険料の一部が控除の対象となります。また、養うべき家族がいる場合も一定額が控除されます。

◆住民税

住民税もまた、所得税と同じく所得に応じて税額が決まります。

住民税は都道府県と市区町村に納める税金で、税率は概《おおむ》ね10%です。

毎年5月ごろになると各市町村から住民票に則って届けられる住民税通知書…いきなりの金額にびっくりしてしまった経験のある人も多いでしょう。

住民税は、前年の所得に対して決定された税額を翌年の6月以降に、1月1日時点での住所地のあった市区町村に納めます。

会社員をやめてフリーランスになり、当面の収入がないにもかかわらず、前年分の住民税の納付書が送られてきて驚くことになるのは、住民税が前年分の所得に応じて一年遅れで課税される特性があるからです。

W（デザイナー）：これだよね～、すっごい時間差でくるの。

会社員で副業や兼業している人は、最終的には確定申告で合算され、６月以降の年税額が決まります。

これまで会社が給与天引きで払ってくれていたものでも、フリーランスになると、納税にあたっては、今度は自分で納めなければなりません。

延滞金が加算されてしまうことのないよう、指定期日までに納める必要があります。

◆事業税

個人事業税は、事業をやっているとかかる地方税で、事業の種類で税率が決まっています。個人事業税には、２９０万円の事業主控除があり、それを超える部分が課税対象となります。

税率は３～５％と業種によって異なりますが、一般的な業種の場合５％です。

[個人事業税の各種税率表]

区分	税率	事業の種類			
第1種事業（37業種）	5%	物品販売業	運送取扱業	料理店業	遊覧所業
		保険業	船舶定係場業	飲食店業	商品取引業
		金銭貸付業	倉庫業	周旋業	不動産売買業
		物品貸付業	駐車場業	代理業	広告業
		不動産貸付業	請負業	仲立業	興信所業
		製造業	印刷業	問屋業	案内業
		電気供給業	出版業	両替業	冠婚葬祭業
		土石採取業	写真業	公衆浴場業（むし風呂等）	－
		電気通信事業	席貸業	演劇興行業	－
		運送業	旅館業	遊技場業	－
第2種事業（3業種）	4%	畜産業	水産業	薪炭製造業	－
第3種事業（30業種）	5%	医業	公証人業	設計監督者業	公衆浴場業（銭湯）
		歯科医業	弁理士業	不動産鑑定業	歯科衛生士業
		薬剤師業	税理士業	デザイン業	歯科技工士業
		獣医業	公認会計士業	諸芸師匠業	測量士業
		弁護士業	計理士業	理容業	土地家屋調査士業
		司法書士業	社会保険労務士業	美容業	海事代理士業
		行政書士業	コンサルタント業	クリーニング業	印刷製版業
	3%	あんま・マッサージ又は指圧・はり・きゅう・柔道整復その他の医業に類する事業			装蹄師業

＊デザイン業の個人事業税（概算）

［年収４００万円、経費10万円の場合］

４００万円－10万円＝３９０万円…所得

３９０万円－２９０万円＝１００万円

１００万円×５％＝５万円

事業の種類で税率が決まるので、確定申告書の職業欄には注意が必要です。また、国保組合への加入の可否も、この部分で判断されることがあります。

ライターとデザイナー、漫画家とイラストレーターでは業種が異なり、請負業や広告業となると課税の有無も変わってくるので適当には決めないほうが良いです。

W：マジかぁ、意外と重要だなぁ。

◆消費税

事業者が日本で商品の販売やサービスを提供する場合は、基本的に消費税の課税対象になります。（給与や住宅の賃料など一部消費税のかからない取引もある）

消費税といえば、物の売買がイメージしやすいですが、イラストレーターやプログラマー、美容師などのサービスも、技能に基づくものであれば、消費税の対象となります。

消費税はボリュームが大きいので、次の項目で解説します。

W：しかし、何で税額求めるのに基礎控除や事業主控除ってあるのかねぇ。

K（キャバ嬢）：たしかに。経費を引いた額に単純に税率かけて税額、決めちゃえばいいのに…。

S（手作り作家）：だけど、それだと税金多くなっちゃわない？

W：…ですね…。

K：わかった！　税金を気持ちよく払ってもらうために控除してあげてるんだからってのが、必要なんだ！

W：なるほど～　そういうのあるかも。でも、謎。

S：ともあれ、ちゃんと計算していれば…

W：納税者としてはむしろ、使われ方だよねぇ。

K：ひゅ～カッコいい！

ダメだよ
確定申告
しないと
違います
これは今年中に
店を…えーと…
質屋やる予定で
質屋!?
またそんな
３秒でバレる
嘘を
嘘じゃないし
ガチだもん
もちろん嘘だったが
アイラは動き始めた
面接
社長となり
店をかまえ
人を雇い
広告を出し
仕入
アイラユー
買取
HP宣伝
安心
買取
アイラ
全ては納税額を
減らすために
湯水のごとく使った
経費と努力は
見事結実し
わーい
遂に月収が
500万を越えたの
である!!
キャバ嬢
ガチ大成功
社長
アイラ
…でコレ
そもそも何の話
だっけ?

5　フリーランスと消費税

K（キャバ嬢）：消費税っておかしくないですか？　何も消費していないのに消費税かかるんですか？

M（相談員）：あーコレねぇ。消費税は、売上げたらかかる税なんですよ。消費税という名前がついてるから、そー思えちゃうんですよねぇ。

日本国内で事業として行う取引には消費税がかかります。

消費税は内税表記と言われる総額表示もあれば、税別で本体価格だけ表示されている場合もあります。

この消費税、位置づけは国税になります。

買い物するときに支払った消費税は、最終的に国に納められます。

消費税は最終消費者が負担する税金ですが、消費者各人が納める税金ではなく、事業者が消費者に代わって国へ納める税金になります。

すなわち、消費税は所得に応じて課税される税金ではなく、取引に応じて課税される税金です。

従って、消費税がかかる取引、かからない取引を理解する必要があります。

消費税がかからないものとして、例えば給与、住宅の家賃などがあります。

S（手作り作家）：先生、買い物では消費税払ってますけど、仕事では消費税もらっていないですよ。内税ってことですかね？

M：ん？　請求書出しているんでしょ？　消費税計上していないの？

フリーランスとして請求書を作る際、消費税はどうしたらいいのかも気になるところです。請求書の記載については後で説明いたします。

ところで、消費税はすべての事業者が申告しなければならないのでしょうか。申告する必要があるかどうか、何か基準はないのでしょうか。

その基準はズバリ１０００万円です。

前々年の売り上げが１０００万円以下の場合は免税事業者となります。

免税というのは、税金を免除してもらえるという意味になります。

そのため、免税事業者が消費税分のお金を受け取った場合は、納める必要がないことになります。一方、課税事業者は、お客様から預かった消費税から自分が払った消費税の差額について、国に納めます。

D：フリーランスで1000万円プレイヤー！　あこがれるわー。

K：売上げ1000万円で天と地ほどの差が…。

S：じゃあ、1000万円いかないようにすればいいんだっ。

とはいっても、売り上げが1000万円を超えると課税事業者となるわけですから、免税事業者だから、消費税を払わなくても済む、という考え方でいると、フリーランスとしては、ちょっとさみしい考え方になってしまいます。

徴収と納付は別問題です。事業者であれば、課税・免税はありますが、消費税はあくまでも代行して預かっているお金なんだという認識でいましょう。

あとでアタフタするぐらいなら、見積書で、初めから消費税分を取引相手に明示しておきましょうね。

S：なるほど。たしかに免税事業者だっていうのも、なんか空しいですね…。

M：頑張ろっか！

消費税はすべての事業者が納める必要はなく、一定の要件に該当する事業者は消費税の申告義務はありません（免税事業者）。

つまり、免税事業者に該当すれば、消費税の申告書を提出できませんので、仮にお客様へ消費税を請求したとしても、お客さんから預かった消費税を国へ納める必要はありませんが、その一方で支払った消費税が預かった消費税より多かったとしても還付を受けることはできません。

K：おっと、これって消費税分、丸儲けってこと？

免税事業者に該当するかどうかは、「基準期間における課税売上高」が1，000万円以下かどうかで判定することになりますが、ここでいう「基準期間における課税売上高」とは、個人事業の場合前々年の課税売上高を指します。

個人事業主は暦年課税ですので、前々年（2年前）の課税売上高が1，000万円以下の場合、免税事業者に該当することとなります。

従って、事業開始年（1年目）と2年目は基準期間における課税売上高がゼロということになりますので、原則として免税事業者に該当します。

ただし、事業開始２年目で、１年目の上半期（１月〜６月）の課税売上高（特定期間と言います）が１，０００万円を超える場合は、２年目について課税事業者となります。


それでは、次に税率について見てみましょう。

２０１９年には８％から10％になりましたが、飲食料品など店舗で買って持ち帰ると８％、店内で飲食となると10％など…。

とても複雑ですよね。

消費税の標準税率は10％、飲食料品を持ち帰った場合は軽減税率の８％。ただし、アルコールは標準税率の10％です。その他、軽減税率の対象となるものとして週２回以上発行される新聞がありますが、電子新聞の配信料は10％です。細かい規定が色々とありますが、軽減税率の適用を受けるものの方が少ないと覚えておけばよいでしょう。

K：ところで、消費税って、どういうふうに計算して国に納めるんですか。

M：いい質問！　実は事業者の納めるべき消費税は、すでに別の取引で自分が支払った分の消費税を差し引いてもいいよ、ということになっているのね。

たとえば、１００円で取引先から仕入れた乾燥タピオカがあるとします。この時の消費税が10%だとすると、実際支払う金額は１１０円になります。

これを本体価格５００円にする場合は、消費税計上で５５０円のメニューとして店頭に並べるわけです。で、この商品が売れます。

そうすると、お客さんからは50円の消費税を預かっている状態となります。

ただ、自分は仕入れの段階ですでに取引先に10円の消費税を払っています。

で、自分が消費税を国に納付する時には、お客さんから預かった50円から、自分が支払った10円を引いた、40円を消費税額として納めるってわけです。

これを「仕入税額控除」と言います。

売上げの消費税から、仕入れの消費税を差し引くというイメージです。

逆に、仕入れの消費税の方が、売上げの消費税より大きかったらどうなるのか…？

この場合は、納めた消費税が返ってくることになります。

M：なので、領収書やレシートは月ごとに保管し、種類ごとに分けて整理しておきましょう。税理士さんに頼むのも方法ですが、自分でもわかるようにしないとね。

K：それにしても事務作業というのは手間がかかりますねぇ。

課税売上が１０００万円を超えてくると、なかなか忙しくなってきて、「いちいち領収書なんかまとめていられない」人も出てきます。

というかまぁ、大半のフリーランスはそうなるでしょう。

好きで始めた通常業務の忙しさが体に負担になってくるのに、そんな時にいちいち仕入れた商品の消費税額の計算なんかしてられるかよぉー！と匙《さじ》を投げてしまう人続出する収入ゾーンです。

M:そんな辛すぎる事務の手間を省くために存在するのが、簡易課税制度。面倒な集計業務をかなり軽減してくれるものです。

消費税は、預かった消費税から支払った消費税を差し引いた額が、納めるべき消費税額です。

例えば、飲食店なら、お客さんから預かった消費税から食材を仕入れるときに業者に消費支払った消費税を引いて、その残った額を納めることになります。

この方法は、色々な所に支払った消費税を集計しなければなりません。これが原則（一般）になります。

これに対し、**簡易課税は、飲食店なら仕入や水道光熱費、家賃などの経費はだいたい売**

[仕入税額控除]

	本体	消費税（10%）
販売	500円（タピオカ飲料）	50円（お客さんからの預かった分）
仕入	100円（乾燥タピオカ）	10円（取引先に支払った分）
差引	利益：400円	納める消費税額：40円

[みなし仕入れ率]

事業区分	みなし仕入率	該当する事業
第一種事業	90%	卸売業(他の者から購入した商品をその性質、形状を変更しないで他の事業者に対して販売する事業)
第二種事業	80%	小売業(他の者から購入した商品をその性質、形状を変更しないで販売する事業で第一種事業以外のもの) 農業・林業・漁業（飲食料品の譲渡に係る事業)
第三種事業	70%	農業・林業・漁業（飲食料品の譲渡に係る事業を除く)、鉱業、建設業、製造業（製造小売業を含む)、電気業、ガス業、熱供給業及び水道業、 第一種事業、第二種事業に該当するもの及び加工賃その他これに類する料金を対価とする役務の提供を除く
第四種事業	60%	第一種事業、第二種事業、第三種事業、第五種事業及び第六種事業以外の事業（具体的には、飲食店業など)、 第三種事業から除かれる加工賃その他これに類する料金を対価とする役務の提供を行う事業
第五種事業	50%	運輸通信業、金融・保険業 、サービス業（飲食店業に該当する事業を除く)、 第一種事業から第三種事業までの事業に該当する事業を除く
第六種事業	40%	不動産業

上の60%ぐらいだから、60%にしちゃうからと、業種ごとに決めちゃうものになります。簡易課税とは、みなし仕入れ率を使って、集計の手間を省き、納税額を簡単に計算する方法になります。

K：これなら実際の仕入税控除額を地道に足し合わせていくよりも、ずーっと簡単ですね。

自分の売り上げで預かった消費税から、消費税に「みなし仕入率」というものをかけ算して控除したものが消費税になります。

飲食店をやる場合、課税売上が１０００万円で、仕入れや経費など業者に支払った消費税が50万円だとすると、次のいずれかで計算した額が、その飲食店が納めるべき消費税額となる、というわけです。

原則：１０００万円×10%—50万円＝50万円

簡易：１０００万円×10%×60%＝40万円

仕入れ率が決め打ちなので、家賃がかかんなかったり、材料費が少なかったりした方がお得になります。

また、店内飲食10％、テイクアウト８％や、宅配専門など、サービスや業態が変わると、消費税率が異なるため、みなし仕入れ率も変わることになります。

ちなみにテイクアウトを別部門（製造小売業）で始めると、みなし仕入れ率は70％になります。この様に、いくつかやっている場合は、売上げは分けておきます。なお、分けないと低い方のみなし仕入れ率になります。

K：みなし仕入れ率が高い方が、税金が少なくなるんだね。

飲食店だけをやっている、プログラマーとしてのみ、飯を食っているというようにその道一筋であれば、まとめられます。

なので、例えば不動産業と卸売業を掛け持ちでやっている場合などは、２つの売り上げを一緒にして卸売業のみなし仕入率90％をかけて申告ということではいきません。

その場合は、不動産業は不動産業の売上、卸売業は卸売業の売上をまずそれぞれ別に集計した上で、それぞれに対応したみなし仕入率を掛け算して、それらを足したものを事業者として納めるべき消費税額とします。

簡易課税制度には2つの条件があります。

・前々年の課税売上高が5000万円以下である
・適用しようとする課税期間の開始の日の前日までに、消費税簡易課税制度選択届出書を届け出ていること

なお、「消費税簡易課税制度選択届出書」を提出した場合には、原則として、2年間は実額計算による仕入税額の控除に変更することはできません。

S:消費税のことはよくわかったんですけど、請求書を作成するにあたって注意点はあるんですか？　源泉徴収がどうこうっていう話を聞いたことがあるんですが…。

フリーランスの場合、お客さんから個人事業主へ報酬を支払う場合に、業務内容に応じて源泉所得税が徴収される場合があります。

この場合、**請求書には、仕事の内容と金額、消費税と源泉所得税の取り扱いを明示しておきます。所得税や消費税が明確になると、後のトラブルの防止にも繋がります。**

例えば、デザイン業、翻訳業などを行っているフリーランスの場合、1ヶ月の報酬が

［請求書］（実例）

発行日○年○月○日

○○御中

請　求　書

カサウソデザイン事務所

〒000-0000
東京都○○区○○１－１－１
電話 00-0000-0000

下記の通りご請求申し上げます。

適用	数量	単価	金額
○○として	1	50, 000円	50, 000円
○○として	1	40, 000円	40, 000円
○○として	2	5, 000円	10, 000円
	小計		100, 000円
	消費税（10%）		10, 000円
	源泉所得税（10%）		▲10, 000円
	復興特別所得税（0. 21%）		210円
	合計請求額		**99, 790円**

報酬に係る源泉徴収税・復興特別所得税につきましては、御法人でお取り計らい下さいますよう宜しくお願い申し上げます。

（お振込み先）

○○銀行（0000）○○支店（000）　普通預金0000000
口座名義　○○
○月○日までにお振込み願います

流行ってるから
タピオカのお店
出したくってぇー
消費税って
どうなるん
ですか？
例を見て
みましょう
まずはキロ
100円の
乾燥タピオカ
10%
税
タピ園
タピ園
110円
この時すでに
消費税10％が
発生して110
円となります
これが1杯
500円とすると
DRINK ME
10%×
550円
本体
消費税50円
50−10
=40円!!
500円の
タピオカに
10％（＝50円）の
税となりますが、
税として10円を
すでに支払って
あるので
となります
分かる？
…とりま
やって覚え
ますね!!
2ヶ月後
いやー
流行って
流行って
もうJK
ホイホイっ
て感じ
スゴい
商才です
ねー！
ワラ
ワラ
ミルクティー!!
のちー
また月収
増えた
という。

100万円以下の場合は10・21％（復興特別所得税を含む。以下同様）、100万円を超える場合は超える部分につき20・42％が源泉徴収されますので、あらかじめお客様へ発行する請求書に源泉所得税を記載しておいた方が良いでしょう。

6 複数事業所で働く場合の税務・社会保険

フリーランスとはいうものの、給与所得者として複数事業所で働く場合は、税務・社会保険の取り扱いを理解しておかなければなりません。

K（キャバ嬢）：月曜日と水曜日はA社、火曜と木曜日はB社っていうケースもあるんですよね。

フリーランスとしてA社と雇用契約、B社と業務委託契約（請負契約）など、様々な働き方をする場合は、所得税は両社にかかりますが、消費税は事業所得のB社のみかかります。

社会保険については、A社の被保険者であれば、A社のみ社会保険料がかかります。本人の所得税は、最終的には確定申告で税計算されることになります。

複数事業所に勤務する人は、それぞれの事業所で所得税を控除します。

[複数事務所で働く場合の税務と社会保険]

	A社と雇用契約 給与：月20万円 （月130時間以上勤務する場合）	B社と業務委託契約 報酬：月15万円
所得税	給与から控除 （源泉徴収）	報酬から控除 （源泉徴収）
	最終的には確定申告で合算して再計算する。	
住民税	原則　給与から控除 （特別徴収）	控除なし
	最終的には確定申告で合算して計算される。	
消費税	なし	あり
	合算されない	
社会保険	あり （健康保険・厚生年金保険・雇用保険）	なし
	合算されない（両方とも雇用契約なら合算される）	

その人にとってみて主たる事業所が、税額表でいう甲欄の税率の適用、従たる事業所で乙欄（2か所以上から給与の支払いを受けている人で、他の給与の支払者に扶養控除申告書を提出している人などが対象）の税率（甲欄と比べると高い税率）の適用となります。

K：毎月、給与からそれぞれ所得税が控除されるってことですね。年末調整はどうなるんでしょう？

O（所長）：複数事業所に勤務している場合は、それぞれ年末の段階で、各会社から源泉徴収票を発行してもらうんです。

「扶養控除申告書」を出している人が、年末調整の対象ですが、2か所以上から給与の支払いを受けている人は、一つの事業所だけで年末調整を行い、その会社の分だけで年税額を確定することはできません。この場合は、他方の事業所からも源泉徴収票をもらい、自分で確定申告することになります。

それから、会社は、その年に給与を支払った人について、毎年、各人の居住地の各市区町村に「給与支払報告書」を提出します。

この報告書をもとに6月以降の住民税額が決まることになります。

なので、**副業を隠していても会社の事務が優秀ならバレていますからね～。**

それから、今はマイナンバーが全員に発行されているので、役所も把握していますから。

K：（ゴクリ）確定申告ですか…。３月ですか。

O：そう。３月です。ちなみに、厚生年金や健康保険などの社会保険は、勤務実態での判断で、社会保険は、それぞれの事業所で加入要件をみるんですよ。

A事業所とB事業所と2つの事業所がある場合は、それぞれの取り扱いになり、社会保険の加入要件を満たしている事業所が届け出、加入することになります。

したがって、**働き方によっては、どちらの事業所とも加入要件を満たさない場合もあります。この場合は、国民年金や国民健康保険に自分で入らなければなりません。**

◆社会保険加入の要件

同事業場の同種の業務に就いている通常の労働者と比較して、1週の所定労働時間および1月の所定労働日数が常時雇用者の4分の3以上

O：4分の3というのは、1日8時間、1週40時間の事業所で働く場合、週30時間以上の勤務で社会保険の加入となるんです。でも、会社を設立した場合、その代表者は、時間数や日数は関係なく、強制加入となるんですよ。

人手不足で最近は、ダブルワークを認めている会社も増えています。

それから、社会保険料の負担が大きいことから、会社によっては社会保険の加入対象とならないよう、働く人の勤務時間を短くしているところもあります。

いずれにしても、これからは複数事業所で勤務する人が増えていくので、社会保険の加入要件や扶養の要件、税区分や確定申告のやり方については把握しておく必要がありますね。

でも自分でお金稼げるようになりたい…
仕事帰り
ウーマーイーツで少しは収入が上がったし…下手な転職よりは…
トントン
お兄さんこんばんはー
はい…
!?
くる
あ突然ごめんねー我々副業ケーサツ
ケーサツ?!
そうサラリーマンが副業していないかどうかをチェックする立場ですねー。
何?!
ブタ?!
!!
身分証と社員証あるかなー?
は、はい…?
あ、これお兄さん副業やってるねー?
!?
マイナンバーでわかるんだよーん…
でも本業が営業で副業は登録のデリバリーか…なるほど…
ペチペチ
PC
じゃOKだね
気張って生きなよー
じゃーねー
何だったんだ…
ドキドキ
見逃された。

※実際の対応とは違う可能性があります。

高ぇなぁ社会保険料…
めいさい
アラ
もらってるわねぇ
お前、人の明細書見んなよ
みえちゃった
会社的にも半分負担しているわけだから、本音はムダな支出なのよね
めいさい
俺的にもムダだよ…あー皆保険制度とかマジでムリ
ケンコーなんでね
保険の営業がそれを言うか
闇を感じる
フリーランス時代は弱肉強食なんだよ やったもん勝ち お前だって どうせ現金取引は帳簿にのせ…ウッ!!
ッパーン!!

第5章
「イケるフリーランス」の契約のすべて

X：モブタ達（ブタちゃん）

D：バニ太郎（大道芸人）

1　契約書は必要か？

「ユズさん、キャラクターデザインお願いできる？」
「できますよ！」
「じゃあお願い！　とりあえず5万円振り込んでおくから」

デザインの仕事でも、手付金だけ先に振り込んでおいて、やらせるだけやらせる。残りは完成したら…みたいなことをフニャフニャいって、依頼の際、総額を言わないなんてパターン…あるんです。

契約は口頭でも成立するのですが、どの業界も慣習というのがあります。

昔ながらの業界は、未だに口約束に近い形で取引が行われています。

「契約書？ そんな堅苦しいのいらないよ」（そんな仲じゃないだろ。めんどくさいし…オレのこと、信用できないのかよ。）

契約書を作らない理由には、慣習もあります。

信頼関係があるから問題になることはない、とするのが慣習です。

お金を払いたくないから、曖昧にしておきたい心があるのかもしれません。

でも、こうした感覚でいると、事業は長くは続きません。

口約束での取引。嫌ですね〜。

関係が良いときは問題なくても、一たび悪くなると、言った言わないになって、後でもめるというパターン。

これを繰り返して、何度も痛い目を見ているんですから…。

一方、契約書がない取引もあります。

ちょっとしたコンビニ店内での買い物は、お客と店側の売買契約になりますが、事実、契約書はありません。商品と代金の引き換えを同時に行うような場合は、トラブルになる可能性が少ないため、このような取引では契約書がありません。

S（手作り作家）：ところで、フリーランスにも契約書は必要なんですよね。

O（所長）：**これは間違いなく必要です。必要な理由は、相手に約束を守ってもらうためです。**

それから、後でトラブルにならないよう、証拠にするためです。

S：契約書では、何を決めたらいいんでしょうか。

O：**契約書ではそれぞれ当事者の権利と義務を明らかにします。デザインや製造の仕事であれば、何を、どのように（方法）、いつまでに（納期）、いくらで（金額と支払方法）というようなことを決めますね。**あいまいな部分をなくしていくことが大切です。

契約書があるとお互いのやるべきことが明確になります。

そのため、契約書と合わせて見積書や料金表もあると良いです。見積書や料金表は、仕事を受ける前の金額の提示なので、相手が金額を知らなかったなど、言った言わないのトラブル防止になるのです。

契約書があると、争いになった場合、相手方に義務の履行を強制しやすくなります。

また、予測できる事態と対処方法についても明らかにしておくことで、解決方法が決まります。

そうすると、何かあった時にスムーズにことが運びます。

したがって、仕事をする上では契約書はあった方が良いでしょう。

契約履行を迫る
正しい手順があるので
その段階と実例を
みてみましょう
ユズキさんどうぞ
やってみます
電話
払って下さらないと困るんです……
うんたらかんたら
たら
そうですよね
でもこっちも色々
忙しいのと想定外の
リスクを考えると
もうちょい待ってね
書面
件名：要返信願
本当に払ってくれないのなら然るべきとこにもちこみますよ
カタ
カタ
解決
払ってはもらえましたけど……
すっごい疲れたのでもうイヤです……
カワイソウだけどね……
できれば早く慣れてください

2 たとえ契約書がなくても

古くからの慣習や口約束で仕事をする、そんな契約書の無い世界、あるんです。ってなことで、契約書が無い場合の対処方法です。

契約書はあったほうがいいのは間違いないですが…。

ゆくゆくは契約書を結ぶにしても、相手がいる話なので中々そうもいかない…。

O（所長）：どうしますか、こんなとき。

S（手作り作家）：たしかに、口約束って多いですね。どうしたら良いんでしょうか…。

そんなときはメールです。

電話じゃダメ。メールでも本当はダメなんですけどね、でも何も無いよりはマシです。記録が残るので。メールの送受信を使ってログ（記録）を取るのです。

じゃあ、どうするのか。

以下は、一番トラブルの多い、報酬の取り決めをメールやSNSで行う場合の例です。

X（ブタちゃん）：アイコンで使うカワウソのかわいいイラストのお願いしたいんだけど、あんま払えないんだけど…。

S：いつまでですか？　ちなみにいくらぐらいですか？

X：来月の10日までで、5，000円くらい。

S：了解です！

メールやSNSでよくある仕事のやりとりですね。

だけど、これだと、金額が結局いくらなんだか、いつ報酬が支払われるんだか、よく分からないですよね。

相手との関係もあるでしょうけど、トラブル防止のためには、メールの送受信をもって受発注とする旨の記載が欲しい所です。

受発注の確定、また納品方法と納品日、額と支払い日、振込先はやり取りの中に入れます。

そんなときは、事務的な定型文を用意しちゃいましょう。

[メールで契約内容を確認する場合]（例）

株式会社モブタ
代表取締役　モブタ・ブーブ　様

お世話になります。カワウソ事務所のカワウソキューキューです。
この度は、ねこのイラスト制作業務をご依頼くださりありがとうございます。
素敵なご縁に感謝申し上げます。
早速ではございますが、弊所イラスト制作業務について、ご案内いたします。

記

受発注と納品日その方法の確認

≪業務内容≫
業務内容：SNS○○で使用するアイコン用イラスト（ねこ）制作業務
納 品 日：××年×月×日
納品方法：jpeg データ（○サイズ）

報酬額と支払日の確認

≪業務報酬≫
制作代金：○円（消費税込）　※使用目的にあるアイコンの制作代金となります。
支払期限：××年×月×日（納品日の属する月の末日となります。）
振 込 先：○○銀行○○支店・口座名義・口座番号

著作権などその他の確認

≪その 他≫
使用目的：株式会社モブタ様が SNS○○で使用するアイコンになります。
用　　途：2 次使用不可・イラストの改変不可でございます。
使用期間：期間の定めなし（使用開始日：××年×月×日）となります。
　　　　　使用料はございません。
表　　記：著作表記（氏名表示・©表記）あり（右下指定：○サイズ）でございます。

このメールへのご返信で貴社からの正式なお仕事のご依頼となります。
ご返信後は、すぐに制作に入りますので、内容については必ずご確認下さいますようどうぞ宜しくお願い致します。

××年×月×日
カワウソ事務所
カワウソキューキュー

まぁ契約書が あったからって 守らん奴は 守らんけどな
ボロ…
うわぁ 何ですかソレ
うん コレはねー 俺が投資始めた時 サギってきた奴
高飛びしてたのが 帰ってきたよーって 友達が 連絡くれてさー
すみません… 許してください…
んー 俺はもうどっちでも いいけど、君の居場所 教えてくれたら ナンボか払うよって 人がいっぱいいる から、ごあいさつ に行こうか？
ひいいいいいい
じゃ またねー いっちゃん
ア゛ア゛
助けてェェ
ア゛ア゛ア゛
お気をつけて…
慈悲はない

3　誠実であること（職業倫理）

M（相談員）：じゃじゃーん。質問ね。

D（大道芸人）：とっ、突然っすね。

M：あなたは事務所に所属しているタレントさん。事務所とはフリーランスの業務委託契約です。ある日、仕事の報酬とは別に、今日のお礼ということで、現ナマを事務所に内緒でもらってしまいました。

D：くぅ～っ！　リアルなところを突いてきますね～。

フリーランスとして、自分がもらったお金。

事務所に所属はしているものの、自分の名前で仕事をしています。

現場にはマネージャーさんがいません。そんなとき、あなたならどうしますか？

ということで、こんなケースでは所属事務所にバレなければ良い、と思う人も少なくないようです。

これが世にいう「闇営業」といわれるものです。

闇営業とは、一般に仕事の依頼者などから所属する事務所を通さずダイレクトにお金などを受け取ることをいいます。業界によっては「取っ払い」といい、現金をその場で受けることです。

芸能界などに多いのですが、タレントさんはフリーランスとはいえ、所属している事務所の看板で仕事をもらっていることと思います。

でも、こうしたお金のやり取り、イロイロと問題となる可能性があります。

1つは税金の問題。個人事業主の場合は、経理も自分。入ってきたお金は、帳簿に載せる必要があります。

フリーランスといえども、どこかに所属して、その看板を使って仕事をしている以上は、関係性は大事ですよね。

個人事業主だから、業務委託契約だから…といっても、事務所に所属している以上は、キチンと事務所に相談するなり、契約書を確認するなりしましょう。

もし、直取引ダメってなっていたら…。

これは、契約解除事由にもなりえます。

ビジネスの世界ではコレ、禁じ手なんです。

ちなみに、給与制であったとしても金銭の授受は問題です。

雇用契約の場合は、懲戒の対象となり、ケースによっては解雇もありえます。

なので、いずれであっても、所属している事務所には、きちんと連絡や報告することが大切で、業界は狭いですから、息の長いタレントになる上では必要なことです。

変な噂が広がると、仕事なくなっちゃいますからね。

これは、委託であっても給与制などの雇用であっても、自分の活動を継続させていく上ではとても大事なことです。

これが「信用」ですね。

D：この前、ステージ出たら開催者さんからお金もらっちゃったんだよね♪

T（トレーダー）：おーいいな！　いくらだった？

D：3枚。でもこのお金、自分でもらって良いのかな。

T：それはちゃんと事務所に言った方が良いよ。税金とかあるじゃん。それより、事務所がちゃんとしてるって思ってくれて、仕事あったら、また声かけてくれるようになるよ。

日の本一グレートなショーマン
ピョーン!!
それが俺バニ太郎の夢だ
カワイイー
ガヤガヤ
まちおこし
今日はどうもですギャラは振込みますね
ありがとうございます!!
それで内緒だけどこれ、ヒグチさん包んであるから…
スッ…
!?
ぴょーん
ややや焼肉・・・・
食べまぁあっす!!
事の重大さを知らぬバニ太郎であった

Ｄ：なるほどね。仕事増やすには信頼関係が大事。

4　契約書を作る

W（デザイナー）：私たちフリーランス、契約内容によっては仕事を受けたくない場合もあると思うんですけど、その場合はどうしたら良いんでしょう？

M（相談員）：契約には、そもそも契約の自由があるんですよ。

契約はするもしないも当事者の自由で、また、契約の内容も自由です。

なので、契約の合意や同意は当事者に委ねられます。

そのため、例えば「このデザインを使わせてね！」って言われたら、オッケーで契約成立。やだよ〜で契約不成立です。それが契約の自由です。

ちなみに100万円でデザイン作ってね、がその内容です。

これに対して、まじっすか？　だけでは契約は成立したことにはなりません。

契約には、権利と義務があり、契約の当事者は対等の関係にありますが、契約締結までの過程においては、一般に一方からの条件提示があり、そこには契約成立に向けたイニシアティブがあります。

契約書は、条件を含めて、自分を守るために、また相手に約束を果たさせるために、必要なものになります。

なので、自分の考える条件で話を進めたい場合は、条件提示を含めて、契約書は自分で作るのが理想です。

用意された契約書では、相手方が有利な内容になっていることも多いものですから…。

W：契約書を作るっていっても、私にできるのかなぁ…。

M：ポイントを押さえれば大丈夫ですよ！

契約書は誰でも自由に作ることができます。

では、契約書には何を書き、何を明確にすると良いのか。

契約書で明確にすることは、誰と誰が、どんな内容で、いつ合意したか。

内容は、揉めそうなことを書きます。

誰と誰にどのような権利と義務がそれぞれ発生し拘束するのか。

法的効果を明確にします。

ただ、委託契約と請負契約では法律上の効果が違うので、どちらが実際の取引にマッチするかは、取引内容を精査したうえで決めると良いです。

業務遂行の責任を負う契約が委託で、１００％の仕事の完成と成果や成果物が強く求められるのが請負です。

請負は、成果物に対する責任が重いのですが、手離れが良いのが特徴です。

なお、継続的な業務は委託で、単発での仕事は請負になります。

仕事を受ける側なら、なるべくなら業務委託契約の方が良いかもしれません。

契約書を作る場合は、誰が見てもわかるようにしておきます。

★業務委託契約の場合

①誰が誰に対して何の仕事を委託するのか（誰が誰の仕事をいくらで受託するのか）。【業務内容】
②その対価として、誰が誰に対していくら支払うのか。
③仕事は誰がいつまでにやるのか（成果物はいつ納品するのか）。
④その支払いは誰がいつ支払うのか。【報酬・委託料と支払い方法】

M：ポイントは、金額、納期、数量です。それから、どちらに何の義務があるのかを明確にするため、契約の当事者を甲と乙に言い換えて、分かりやすくさせます。

　どちらがどちらに何をするのか、甲と乙を間違えないようにします。
　また、業務内容と報酬以外では一般に次の内容があります。

・善管注意義務…「善良な管理者の注意義務」の略で、業務を委任された人の職業・専門家としての能力・社会的地位などから考えて通常期待される義務を負うという意味
・再委託

・資料等の貸与・保管、返却・破棄
・秘密保持
・事故等への対応
・瑕疵《かし》担保《たんぽ》責任、損害賠償
・免責、不可抗力
・解約
・合意管轄裁判所
・協議事項

この辺りは、定型文でも対応できるので、それを使っても良いでしょう。

W：契約書が出来上がったらどうしたら良いんですか。

M：契約書が出来上がったら、契約の当事者が、それぞれ捺印します。

複数枚になる場合は、それぞれページとページの間に「契印《けいいん》」を押すか、製本テープで綴じ押印するなどして1つの文書として作成します。

業務委託契約書

委託者：株式会社モブタ（以下「甲」と称する）と受託者：カワウソ事務所（以下「乙」と称する））は、下記のとおり契約する。

第１条　委託業務の範囲

甲は乙に対し、次の業務を委託し、乙はこれを受託する。

甲の事業で使用する広告制作（通年）業務

第２条　契約期間

契約期間は次のとおりとする。

令和○年○月○日～○年○月○日（１年間）

第３条　契約の更新

契約終了日の３ヵ月前までに甲、乙のいずれかの意思表示がない場合は、従前と同一の内容をもって、本契約は更新されたものとする。甲、乙いずれかが契約内容の変更の申出をする場合には、原則として契約終了日の３ヶ月前に行うものとする。

第４条　契約の解除

甲、乙双方は相手方が以下の各号のいずれかに該当する場合、直ちに本契約を解約することができる。

⑴本契約に違反したとき。

⑵正当な理由なく委託業務が行われないとき。

⑶甲、または乙の信用を傷付けたとき、または不利益をもたらしたとき。

⑷支払いが停止したとき、または手形交換所の不渡処分があったとき。

⑸差し押さえ、競売、強制執行等公権力の処分を受けたとき。

⑹破産、民事再生、会社更生の申し立てがなされたとき。

⑺信頼関係に不安が生じたとき。

⑻暴力団排除条例等に基づく反社会的勢力に所属している、或いは所属したとき。

⑼暴力的要求行為、法的な責任を超えた不当な要求があったとき。

第５条　業務委託料・報酬額

業務委託料は次のとおりとする。ただし、本契約締結後、契約内容に変更が生じた場合、甲、乙は協議の上、業務委託料・報酬額を変更できる。

広告制作業務の委託報酬として月額○万円（消費税別）

第６条　途中解約の場合の報酬

甲の都合により、契約期間の途中において解約する場合は、乙は既に経過した期間、または既に履行した業務内容に相当する報酬額を甲と協議のうえで甲に請求するものとする。

第７条　費用負担

委託業務遂行に必要な費用は原則として乙の負担とする。但し、甲の負担とすることを事前に甲が承諾した費用については甲の負担とする。

第8条　出張旅費および日当

業務に伴い宿泊を要する場合の旅費・交通費、日当等の費用については甲乙協議の上、別途決定する。

第9条　支払方法

業務報酬の支払い方法は、当月分を当月末までに、甲が乙へ振込による方法で支払う。

第10条 資料の提示・瑕疵責任

乙が業務処理に必要な書類及びその他の資料は､甲の責任と費用負担において甲が提示（提供）するものとする。但し、これらの資料の不備に起因して生じた委託業務の瑕疵については、甲の責任とする。

第11条 業務の瑕疵等

業務処理の結果引渡しを受けた後、原則として1年間を瑕疵担保期間とし、甲の責に帰さない瑕疵が発見された場合、乙は誠意を以て解決に努める。

第12条 損害保険の付保

乙は業務遂行にあたり、損害保険の付保が可能な業務については、原則として期間中、有効な乙が選択する賠償責任損害保険を付するものとする。尚、当該損害保険が付保されない業務については、その賠償額は月額報酬額3カ月分を上限とし、これに満たない場合は、実際にかかった額（立証は甲が行う）で、甲乙協議の上、決定する。

第13条 守秘義務

乙は、秘密を守る義務を負い、業務上入手した甲に関する情報に関し、本契約終了後も第三者（家族、知人を含む）に漏洩してはならない。

第14条 個人情報の保護

乙が業務の遂行に際して甲及びその関係者の個人情報を取り扱う場合、乙は個人情報を機密として保持し、第三者に開示・遺漏し、又は、委託業務以外の目的で利用することはできない。また、乙は、個人情報の紛失・破壊・改ざん等の防止に必要な以下の合理的措置を講ずる。

⑴乙は甲およびその関係者の個人情報を入手する時は甲指定の担当者を通して行うものとし、適正な入手に努める。

⑵乙は利用目的の達成に必要な範囲を超えて、個人情報は取り扱わない。

⑶乙は甲およびその関係者の個人情報の取り扱いについて、第三者に漏らさないよう事務所内管理責任者を定め、管理の徹底に努める。

⑷乙が保有する個人情報について､本人から当該本人が識別される個人情報の開示を求められたときは､甲を通して一定の保有情報を開示する。

⑸乙は受託した業務の第三者への再委託は行わない。もし、その必要性が生じたときは甲と協議のうえ決定する。この場合にもこの条項はその再委託先にも適用する。

⑹個人情報保護法第○条における、甲が行う乙に対する必要かつ適切な監督を行うことがある。

第15条 成果物の現状変更及び譲渡禁止

甲は、乙の承諾を得なければ、委託業務により作成された成果物（最終成果物だけでなく中間で作成された一切のものを含む）を変更し、または第三者に譲渡してはならない。

第16条 成果物の権利の帰属

無体財産権（著作権法第○条から○条に定める権利のうち、第○条を除く）の権利は乙に帰属する。

第 17 条 協議解決

本契約書に規定のない事項および契約内容変更ならびに解釈に疑義が生じた場合については、法令の定めによる他、その都度、甲乙協議して解決するものとする。

第 18 条 合意管轄

甲、乙は、万一、前条にて解決せず、紛争が生じた場合は、本契約に関する訴訟の管轄裁判所を○○地方裁判所とする。

第 19 条　契約関係

本契約書における契約関係は、甲及び乙をそれぞれ契約の当事者とする。契約の当事者は、本契約書を２通作成し、甲、乙がそれぞれ１通を所持するものとする。本契約は、委託期間開始日より効力を有し、従前に締結した契約がある場合は、本契約委託開始日の前日をもって失効する。

令和　　年　　月　　日

所 在 地　○○区○○1-1-1
（甲）　事業所名　株式会社モブタ
代表取締役　モブタ・ブーブ　㊞

所 在 地　○○区○○9-9-9
（乙）　事務所名　カワウソ事務所
氏　　名　カワウソキューキュー　㊞

複数枚数になる場合

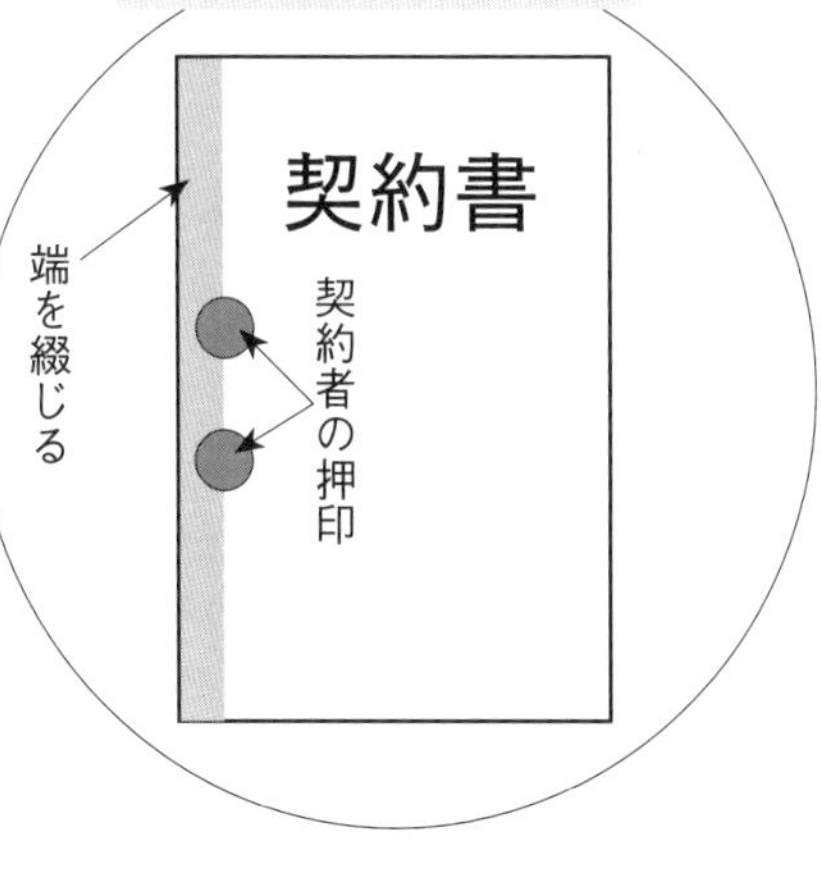

契約書は、契約の内容によっては印紙が必要な場合があります。
どの契約書が課税対象になるかは、印紙税法で決められています。
契約金額によって、印紙の金額が変わります。
印紙が必要な契約書では、添付したら印紙にも押印します。
出来上がった契約書は、契約の当事者がそれぞれ1通ずつ保管します。

契約書ってもっと…こう
わかりやすくなると思ってて…
いいですねぇ
例えば？
業務委託契約書
お金払うので納品してね。
り。
豚田 太郎
市川透子
…みたいな
…わかりやすいですけど
うーん
ちょっとまだ時代が追いついていないかなぁ…

5 契約書の確認ポイント

相手方が契約書を用意するなど、契約書を自分で作らない場合は、契約書をよく見ておかなければなりません。その際、確認すべきポイントは、次の3点です。

・誰と誰の契約になっているのか（契約の当事者）
・いつまでに何の仕事をするのか
・その報酬はいつ支払われるのか

まず、誰との契約になっているかについては、きちんと確認しておきます。

自分の方は問題ないにしても、相手が会社の代表者（代表取締役）であるとは限りません。ケースによっては、営業所の所長だったり、店長や部長、課長であったりします。

その際、**相手が契約の当事者として成り得る立場にある人なのか、そもそも契約締結に権限がある人なのかどうか、この点は確認しておきます。**権限がない人だと、無権代理といって追認が必要になるんです。

M（相談員）：契約する相手が誰なのかはとても大事ですよ。

W（デザイナー）：ふえぇぇ。決裁権限のない人だったらシャレにならないですね。

相手の信用を含めて、契約の当事者が誰になるのかはチェックしておきます。
次に、いつの仕事が、いつ入金になるのか、報酬の支払い時期を確認します。
相手の支払いサイクルもありますが、自分の資金繰りの問題もありますので、契約書で把握します。

M：支払時期は、契約書に記載するほか、請求書でも記載しておくと良いですね。

W：翌々月の末日とか、支払がだいぶ先だと、本当に払ってくれるのか少し心配になっちゃいます。

また、契約不適合責任（瑕疵担保責任）と損害賠償の項目について目を通しておきます。
契約不適合責任（瑕疵担保責任）は、納品物（成果物）が欠陥だった場合の責任です。
プログラミングの仕事なら、バグなどへの対応です。

契約で責任が明確になり、債務不履行があると、解除や損害賠償、追完請求、代金減殺請求が可能となります。

W：そーいう面では、怖いですね。

委託者（発注者）から受託者（請負者）への請求期限はありますが、ケースによっては代金減額などが契約に盛り込まれます。

M：色々と迷惑かけたんだから、アンタ安くしなさいよ！みたいな話です。

なので、**契約不適合責任（瑕疵担保責任）に期間の定めがあるかどうかと、損害賠償額の上限については、契約書で確認しておきます。**

M：いつまで経っても、ガタガタ言われるのは嫌ですもんね。ちなみに、契約不適合責任は検収完了から1～数ヶ月以内が一般的です。

また、**損害賠償額は、できれば受領額の範囲内であることが理想です。**

W：たしかに、１００万円で仕事を請けて、損害賠償額が２００万円って設定されているのは、
それはそれでやっていられないですね。

成果物と実際の損害は別のものではありますが、受託額や受領額の範囲内かどうかは、とても重要です。

それから、実務面では、仕事の完成をいつの時点にするのか（納品）、修正や訂正の回数についても決められるのであれば、決めておきます。

一旦、納品したものの、修正や訂正ばかりで手離れが悪いと、他の仕事にも影響してしまいます。

自分の生産性や時間あたりのパフォーマンスも下がりますので、どこかで線引きする必要もありますよね。

W：いつまでたっても、あーして欲しい、こーして欲しいっていう、依頼者いるんですよね～。

M：そーいうときは、納品が終わった後は、別の契約になります、と線引きすると良いですよ。
事前に保守契約やメンテナンス契約などオプションをつけるのも方法ですね。ストックビジネスに繋がるので、やってみるのもいいんじゃないかな？

W：先生すごい！

また報酬についてですが、請求書を出すかどうかについても当事者間で決めておきます。

その際、請求書には、消費税を計上し、源泉所得税額も記載しておきます。

源泉所得税がある場合は、翌年1月末までに支払調書をもらうようにします。

ヤバいこと言ってくる人ってやっぱりいてー
んー わかるわぁ
この前もね制作会社から依頼がきて…
Webサイト50万 かんり費が月2万で
……じゃあ?
わかりました
バグなどは即対応します
じゃあ
のっとられたりとかは1000万の賠償で!
To: tonton.boox
件名: Re: 制作依頼
Shine!!
送信
カチ
って送ったら何も言ってこなくなりましたけど
マジで失礼ですよねー
う～ん それな!
英語で「光」という
意味です

6　ここが契約のポイント！

契約のポイントは、権利とお金（報酬）の部分です。

契約は対等の関係にあり、合意するもしないも当事者の自由です。

G（会社員）：へ？　でも、いくら契約は対等とは言っても、払う側の方が強い感じがしますね。

W（デザイナー）：仕事なくて可哀想だから…とか、他にも替わりがいるんだけど…とかアリそう。

たしかに、「仕事をふってあげているのに！」なんていうのも、意外と多いものです。

報酬の部分では、お金を払う側、その支払いを受ける側に分かれますので、どうしてもこの部分は対立の構図になりやすいといえます。

それぞれの気持ちは、支払う側は1円でも安く、受ける側は1円でも高くという具合です。

でも、開業したばかりで大変だろうから、君のこと、応援したいから…。

なんていうのは、フリーランスとしては大大大ウェルカムですよね～！

フリーランスにとって、お金は生活に直結するため、大事ですよね。


ということで、契約における報酬の決め方のポイントです。


報酬は、成果物の対価ですが、定額制ほか、従量制としての単価設定があります。

また、内容によっては着手金設定や歩率としての設定があります。

定額制というのは、月額○円みたいなものや、業務一式○円というようなものです。

従量制は単価設定し、数量が乗じられるもの。１件あたり○円、１個あたり○円というもの。

着手金は、業務遂行にあたり、はじめにもらうお金。

これと対になるのが、成功報酬で、仕事が終わったあとにもらうお金です。

歩率とは、○％といったものです。

Ｗ：ＷＥＢ制作だったら、制作費だけでもいいんだけど、月次の保守管理費用やＳＥＯ対策（検索結果で自社サイトを多く露出させるための対策）の成功報酬ってのもアリってことなのね！なるほど～。

業務の遂行にあたって、時間や金銭投下が大きい場合や、依頼者の信用が担保できないような場合には、着手金設定もひとつの方法になります。

歩率は、印税などをイメージすると良いでしょう。

歩率では積算や累進計算があります。

累進はステージ別に設定される歩率で、積算は連続したカーブを描く歩率です。

この辺りは、どのように決めても良いです。


毎月、発生する業務（ストック業務）の報酬は定額になり、安くなる傾向がありますが、フリーランスにとっては生活が安定しやすくなります。

一方、単発の業務（スポット業務）になると、一般に報酬額は高くなりますが、その業務が終わると収入も無くなるので、いかに空白の期間なく仕事を繋いでいくが鍵になります。

スポット業務は、コンスタントに仕事を受けるためには、料金（報酬）設定が鍵になります。そのため、契約のポイントは、継続性になります。

権利は、とても重要です。

権利は収入と結びつけると、労働集約型の報酬形態から別の形態へと変化していきます。**お金を生み出すものに対して権利を保有しているのであれば、実際の役務提供がなくても、報酬は入り続けることになります。**

まさに知的財産（知財）がこれにあたります。デザインや写真、文章、映像・音楽などです。

知財を扱う職業には、イラストレーターやライター、カメラマン、作家・音楽家、建築家等があります。最近では、ユーチューバーもコレにあてはまるのかもしれません。

G：ユーチューブきたー！　オレの時代だぁー！

知財の一つに著作権があります。著作権は創作と同時に発生する権利です。

そのため、権利の発生のために行政機関に手続きをする必要はありません。

著作者は、著作物の利用を独占できます。

また、第三者が無断でその著作物を利用していれば、それを排除することができます。

著作権には著作者人格権や著作財産権の他、著作隣接権などがあります。
知財を扱う職業では、二次使用を含めて使用範囲や許諾範囲、期間を明確にしておきます。

この部分は、まさに契約書がものをいう部分です。

多くの富を得るには、権利収入の視点は欠かせません。

★気を付けたいこと

権利収入には胡散臭いモノがいっぱいあります。知財以外では、詐欺目的のネットワークビジネスやねずみ講（無限連鎖講）など、商材を介しても無価値なものであったりと（情報商材が多い）、胡散臭いモノがそこら中にゴロゴロしています。

こうした悪徳商法は、引っ掛かってしまえば被害者ですが、被害者がときに加害者となって新たな被害者を生んでしまう可能性も多分にあるため、注意したいところです。

兼業や副業での権利収入（知財を除く）、労なくしての収入なんてものはありません。

楽して金儲けなんて死んでもありません。やはり、地道にコツコツが、最強です。

始めは誰でも不安なのよ
稼ぎたいなんて皆思ってることだし
教えてほしいこともあるわ
で？ ぼったくりオンラインサロンにいくら払ったの？
50万くらい…
バカねー
すみません…
シクシク
今度から気をつけるのよ
世の中怖いんだから
当たる
めっちゃ当たる!!
ヨシヨシ
いっぱい稼げる男になるのよ♡
ハイ!!
俺も500万くらいサギられれば…
やめとけ

7 知っておきたい法律・広告規制・損害賠償請求

M（相談員）：フリーランスになったら法律や広告のことも少しは知っておかないとね。

E（エステティシャン）：たしかにそうですよね。法律のことになると難しい用語ばかりでイヤになっちゃいそうですけど、仕事では大事ですもん。

まずは、損害賠償請求から。

キャッチボールをしていて、隣の家の窓ガラス割っちゃったら、弁償しなきゃならないでしょ。謝ってすめばよいけど、壊したら元通りにする。

それが損害賠償。


たくさんのエネルギーと時間を使って、出来上がった作品。

展示していて移動する際に壊されちゃったり、自分の作品を真似されちゃったり。

また、フリーランスでやっぱり多いのは、仕事をして、そのお金が支払われなかったりしたときですよね。

E:そうですね。仕事をしたにもかかわらずお金が支払われなかったり、自分の商品を勝手に使われたり、壊されたりしたら、それは、もう最悪です。

それと同じように、実際に損害や損失が発生したら、それを金額換算して請求する。

それが損害賠償請求です。

フリーランスでは知的財産などの権利侵害や、契約における債務不履行が、その対象となります。

そして、仕事上のトラブルについての対応としては、次のようなものがあります。

★金銭問題があった場合→弁済の催促、遅延損害金の請求、契約の解除
★権利侵害があった場合→権利侵害者に対する差し止め請求や損害賠償請求
★契約において履行されない場合→債務不履行として契約の解除や損害賠償請求

お金が払われなかったら、払うように催促したり、支払いが遅れたら、遅れた分のお金の請求がありますよね。

また、契約しているのであれば、契約の解除やその解除に伴う損害賠償請求なんてものもあります。それから、権利侵害に対しては、差し止め請求があります。

実際は、話し合いで解決していくことになりますが、解決できない場合は、弁護士（代理人）を立てたり、法廷での解決を図ったりします。

M：解決の方法を知っているかどうかで安心感も違いますよね。

E：知らないと不安だらけですから、常に知識は入れておきたいです。だけど、事業をやっていて逆に訴えられちゃったりしたらどうしましょう？

M：普通にやっていたら、何にも問題ないんじゃない（笑）。

G（会社員）：じゃあ、自分がやらかしちゃったようなときは？

《フリーランスとして知っておきたい法律（下請法）》

下請取引の公正化、下請事業者の利益を保護することを目的としています。

下請法は、①委託者である法人事業者（親事業者）と、受託者である法人または個人事業者（下請事業者）の資本金区分、②取引の内容の二つの条件が合致した取引に適用されます。対象となる取引は、①製造委託　②修理委託　③情報成果物作成委託　④役務提供委託です。**情報成果物作成委託**とは、ソフトウエア、映像コンテンツ、各種デザインなど、情報成果物の提供や作成を行う事業者が、他の事業者にその作成作業を委託することです。**役務提供委託**とは、例えば情報サービス事業者が、顧客から請け負うデータ入力作業を他の事業者に委託する場合など、各種サービスの提供を行う事業者が、請け負った仕事を他の事業者に委託することです。親事業者が次の行為をすることは禁止されています。

◆買いたたき：親事業者が、発注する物品、役務等に通常支払われる対価に比べ、著しく低い下請代金を不当に定めること
◆下請代金の減額：親事業者が、下請事業者に責任がないのに、発注時に決めた金額から一定額（一定率）を減額して支払うこと
◆下請け代金の支払い遅延：親事業者が、物品などを受け取った日（役務提供委託の場合は、下請事業者が役務の提供をした日）から60日以内で定めなければならない支払日までに下請代金を支払わないこと

事業をやっていて、今度は自分が逆にやってしまった場合。

まずは、約束を守れなかったとき。納期が遅れたり、中途半端な未完成品を納品してしまったり。

それから、広告もありますよね。

ちょっと大げさな広告作っちゃったり。フェイク広告つくって、他人に損害を与えちゃったような場合。ダメですよ、こういうのやっちゃ。

他には、自分が作ったもので他人がケガをしてしまったような場合。

モノを作ったときには、作った人にも責任があるってことで、製造物責任があります。

こういった「いい加減な仕事」だと、相手や消費者から損害賠償請求される可能性がないともいえないワケです。

なので、約束は守り、仕事はきっちり。

自分の作ったもので事故が起こらないようにしたいですし、広告と違うじゃないか、ってなことがないようにしたいですよね。

★契約や広告と異なる場合→契約の解除や債務不履行による損害賠償請求
★製造物責任があった場合→製造者に対する賠償請求
★請負において完全なる履行が成されなかった場合→請負業者に対する賠償請求

で、広告については、さらに規制があるんです。

例えば次のようなもの。

☒〇〇で痩せる！　〇〇で治る！
☒バイナリーオプションやＦＸで●億稼げる
☒アフィリエイトで月●百万円、まずは無料セミナーへ
☒仮想通貨やアプリで使えるコイン、今なら●万円分プレゼント
☒１日10分簡単作業、自宅でお小遣い稼ぎ
☒完全無償０円、年１千万円夢の生活を実現してみませんか
☒マダムが憧れるサロン経営してみませんか、月●十万円の収入
☒有名ブランド85％ＯＦＦ（通販サイト）

Ｇ：ときどき見ますねぇ。

Ｍ：こうした、エゲツナイ広告は結構アブないんですよ。宣伝したい気持ちが出すぎたら要注意です。

　ダイエット系では〇〇で痩せる、医療もどきでは〇〇で治る、なんてものがありますよね。こういうの、意外と多いんです。

　健康食品等で効果を謳《うた》い販売するような場合は、「合理的な根拠を示す資料」を用意する

ことが大切です。

こういう広告は、誇大広告・虚偽広告といって、不当表示にあたり規制の対象なんです。

また、懸賞目的のような販売手法も客を不当に誘引する、行き過ぎた懸賞として問題となります。

景品表示法（不当景品類及び不当表示防止法）では、不当な価格表示を含めて、「他社と比較して安い」など、有利誤認などがあるので、広告を作るときは消費者庁のＨＰを確認すると良いです。

M：それから、事業をやっていると、妬《ねた》みや僻《ひが》みを含めて、攻撃してくる人は必ずいるもんです。

G：嫌な世の中ですよねー。

★加害行為があった場合→加害者に対する治療費や慰謝料、遺失利益などの損害賠償請求

★誹謗中傷、プライバシー権の侵害、社会一般の評価を低下させられた場合→行為者に対する慰謝料請求や謝罪広告掲載請求

このほか、訪問販売や電話勧誘など、仕事の内容によっては法的な規制があったり、問題のある商売方法によっては、法違反となる場合があります。

★訪問販売・電話勧誘販売→業者に対するクーリング・オフ制度

★悪徳商法による不法行為や債務不履行があった場合→悪徳業者に対する賠償請求、公序良俗違反や錯誤による契約無効主張、詐欺・脅迫による取消等

《フリーランスとして知っておきたい法律（消費者契約法）》

「消費者」と「事業者」との間で締結される契約について、契約の取消し及び契約条項の無効等を定めています。

消費者と事業者の契約が対象となります。「消費者」とは、個人をいいます。ただし、個人の場合でも、「事業としてまたは事業のために契約当事者となる場合」は「事業者」となり消費者契約法は適用されません。しかしながら、中には、必要な材料や機械を購入させることを主な目的とし、その仕事が客観的にみて実体がなく、事業とは認められないものがあります。この場合は、事業のための契約ではないので「消費者」に当たり、消費者契約法の対象となります。事業者の不当な勧誘で消費者が、重要事項について誤認し、または困惑して契約した場合は、契約を取り消すことができます。また、消費者の利益を不当に害する契約条項の一部または全部は無効となります。

◆**不当な勧誘で取消しとなるケース**

・うそを言う（不実告知）
・不利になることを言わない（不利益事実の不告知）
・必ず値上がりすると言う（断定的判断の提供）
・通常の量を著しく超える物の購入を勧誘（過量契約）
・お願いされても帰らない（不退去）
・帰りたいようだが帰さない（退去妨害）

★**H30年改正**

・就職セミナー商法（不安をあおる告知）
・デート商法（好意の感情の不当な利用）
・高齢者等の不安をあおる（判断力の低下の不当な利用）
・霊感商法（霊感による知見を用いた告知）
・契約前の強引な代金請求（契約締結前に債務の内容を実施）

◆**消費者の利益を不当に害する契約条項として無効となるもの**

・事業者として責任を負わないとする条項
・消費者はどんな理由でもキャンセルできないとする条項
・成年後見制度を利用すると契約を解除するという条項
・平均的な損害の額を超えるキャンセル料の条項
・消費者の利益を一方的に害する条項

E：なんか悪徳っていうと、ホント悪い感じが伝わってきますね。
M：強引な勧誘、虚偽表示、詐欺などは法律で処罰されるんです。

ということで、事業をやっていると被害者にも加害者にもなる可能性があるんですよね。

次は、フリーランスが知っておきたい法律です。

悪質商法から消費者を守る法律（クーリング・オフなど）…**特定商取引法**
マルチ商法やネットワークビジネス、連鎖販売取引を規制する法律…**特定商取引法**
ねずみ講を規制する法律…**無限連鎖講の防止に関する法律**

☞うその表示や誤解を招く不当な表示を規制する法律…**景品表示法**

☞不当な勧誘行為や契約から消費者を守る法律…**消費者契約法**

☞不当な勧誘行為の差止請求や被害回復に関する制度…**消費者団体訴訟制度**

☞労働のあっせん・介入を規制する法律…**職業安定法・労働者派遣法など**

《フリーランスとして知っておきたい法律（特定商取引法）》

消費者トラブルが起こりやすい取引を対象に、事業者が守るべきルールと消費者を守るルールを定めています。

対象となる取引は、①訪問販売、②通信販売、③電話勧誘販売、④連鎖販売取引、⑤特定継続的役務提供、⑥業務提供誘引販売取引、⑦訪問購入です。業務提供誘引販売取引とは「仕事を提供するので収入が得られる」という口実で消費者を誘い、仕事に必要であるとして、商品を販売したりサービスを提供して金銭を負担させる取引のことです。この業務提供誘引販売取引から消費者を守るものとして、クーリング・オフ制度、取消制度があります。クーリング・オフ制度は、消費者が契約した場合、法律で決められた書面を受け取った日から20日間以内であれば、消費者は、事業者に対して、書面により契約を解除することができます。取消制度は、事業者が契約を結ぶよう勧誘する際にウソを言って、消費者がそのウソを信じて契約した場合などは、契約を取り消すことができます。

G：たしかに副業ビジネスの勧誘には、こういうの多いですね。

ちなみに、**ねずみ講はネズミ算からきていて、終局において破綻すべきものとして禁止されています。**

自ら商品を購入する特定負担と合わせて、紹介マージンが設定されているのが特徴で、これを魅力的に思う人が多いんです。

でも実際は、そんなことは無くて破綻している仕組みに乗っかっているだけ。

50人の友達がいたら、その人達に買ってもらえばすぐに億万長者になれるっていうのが勧誘常套句になっているのです。

50人って言えば、学校のクラスの皆に買ってもらえばいいじゃんって思うもんね。

1人が50人に買ってもらって、その50人の一人ひとりがさらに50人を紹介するとどうなるのか。5回繰り返すだけで日本の人口の2・5倍になっちゃうんです。

50×50×50×50×50＝315，200，000

G：なるほど。そういう理由で、禁止されているんですね。

M：なので、知らないうちに違法なことをやっちゃってたりするんですよ。詐欺の片棒担いでいたら、知らなかったでは済まされないこともあるので、騙されないよう甘い話には注意しておきましょうね。

また、会社員が副業する場合は、会社を守る法律があります。

知らないうちに「会社の正当な事業活動」を妨害してしまわないよう、また副業にあたっては「競合先の仕事」をしないよう注意しておきたいところです。

☞従業員や役員の不法行為や会社を守る法律…**不正競争防止法、特許・意匠・商標法**

フリーランスには定年がないのでいつまで現役かもわかりません
将来に備えて年金制度を活用しましょう
@セミナー
宵越しの銭はもちません!!
バ
スゴイことゆった
リスクヘッジ考えて
めい子さんステキー
だって…私将来のことは
正直そんな心配してないって言うか…
!!
チラ
でも、とにかく仕事ね♡
あ…ちょ…
わーすごすごいっす
まあ…心の拠り処は皆必要ですからね

寒いので
タイツはいた。

第6章
「イケるフリーランス」のあるある疑問のすべて

T：斎賀瑞樹（トレーダー）

G：丸井優太（ゲーマー会社員）

1　相手先とのいろいろなトラブルが起きた場合には？

事業をやっていると、ちょっとした行き違いが原因で仕事の関係が悪化することってありますよねー。

そんな相手先とトラブルが起きた場合には、まずはトラブルの原因を洗い出します。

契約書があれば契約書を確認し、解決方法を相手先と協議します。

W（デザイナー）：実際トラブルが起きたらどうしたら良いですか？

M（相談員）：トラブルが発生したら、まずは契約書があれば契約書を確認します。

それから、引き続き相手と取引が継続できるかどうか、そしてトラブルについて相手と話し合うことができるかどうか。

W：たしかに。トラブルの程度にもよりますけど、感情的になっている場合もありますか

らねぇ。

M：もし、トラブルになっても話し合うことができるのであれば話し合う。そして解決できるのであれば、今後どうするかを決める。その上で覚書や合意書など決めた内容は文書にします。

W：なるほど。でも私、書けるのかな…。

M：では、書き方講座！

文書は、分かりやすければどのように書いてもよいのですが、文が長すぎると読みづらくなります。

主語が無かったり、主語と述語の関係が不明確だったりすると分かりづらくなります。

文を作る際は「○○のときは、△△」など、条件設定する場合は、さまざまなケースを考え、例外がないのか、付帯条件はないのかなどを整理し、文書化することが大切です。

付帯条件や例外とは、述べたい事柄に、条件設定することをいいます。

「このような場合に限って～する」や、「このような場合を除き～する」など、条件を限定する場合です。付帯条件がある場合は、「ただし」等を用います。

長文になりそうな場合は番号を使い、わかりやすくなるよう工夫します。

また、いくつか伝えたいことがある場合は、通し番号を使います。

これとは別に法的な問題については、洗い出しておき、解決に向けた方法は探しておきます。

W：相手と話しても解決しなさそうな場合はどうしたら…。

M：まず、法的な問題があるかどうかがあるので、専門家に相談すると良いかな。

それから、**相手と敵対的な関係になってしまうのでもかまわなければ、代理人を立て仲裁が必要であれば、公的機関を利用することも方法よね。**

W：代理人…ですか…。

M：そう。弁護士さんなどの代理人。自分の代理として仕事の依頼をすれば費用はかかるんだけど、解決することはできるわね。

ただ、**代理人を立てれば、相手方は将来の取引先にならなくなる可能性は高くなるので、この点は注意が必要です。**

［覚書］（例）

覚書

株式会社モブタ（以下「甲」と称する）とカワウソ事務所（以下「乙」と称する）は、○年○月○日に締結された業務委託契約書（以下、「本契約書」と言う）に関して、以下の通り合意した。

1．乙の・・・・は、○年○月より月額○円（消費税別）とする。
2．前項の報酬は、・・・・・とする。
3．本契約書に定めのない事項及び契約内容変更並びに解釈に疑義が生じた場合については、法令の定めによる他、その都度、甲乙協議して解決するものとする。

以上

本書の成立を証する為、本書２通を作成し、甲乙各自署名捺印の上、各自一通を保管する。

令和　　年　　月　　日

	所 在 地	○○区○○1-1-1
（甲）	事業所名	株式会社モブタ
	代表取締役	モブタ・ブーブ　㊞
	所 在 地	○○区○○9-9-9
（乙）	事務所名	カワウソ事務所
	氏　　名	カワウソキューキュー　㊞

★期日や期限を表す言葉★

期日	指定された日で使う
期限	終期を定めるときに使う
期間	時間的な間隔があるときに使う
～（した）日から	（事実のあった）その日から
～（した）日の属する月から	月を基準とする場合に使う
～（した）日の属する月の翌々月から	3ヶ月目を指す
～（した）日まで	（事実のあった）その日まで
～（した）日から○日以内	書類の提出期限を定めるときなどに使う
～（した）日の属する月の翌月○日まで	期限を定め指定するときに使う
～（した）日の属する月の末日まで	月末を指す期限
～（した）日の属する月の前月まで	月単位など、期間で使う
～を経過する日の属する月まで	比較的長い期限で使う
○歳に達する日後の最初の3月31日まで	年齢などで使われる期日
～（した）日の翌日から（まで）	（事実のあった）その日は含まない
翌日から起算して	翌日から数える
○歳に達した日	誕生日の場合は誕生日の前日を意味する

★時間の程度を表す言葉★

遅滞無く	正当な、合理的な遅延は許される
速やかに	直ちにより時間的に緩い
直ちに	遅延を許さない

★条件や状態を表す言葉★

～の場合	条件設定の際に用い、大きな意味で使う
～のとき	条件設定の際に用い、小さな前提で使う
～の時	その時点
～以前、～以後、以内、以上、以下	以前や以後の「以」は含むことを意味する
～前、～後	事実の前や後、それを含まない
～超、～未満	それを含まない

★法律上の効果、認定を表す言葉★

～とみなす	反証を許さない
～と推定する	反証で覆る
無効	初めから効力がなくなること
取消	一方の意思により初めから効果がなくなること
解除	遡っての解消のこと、遡及効あり
解約	将来に向けて消滅、遡及効なし
許可	禁止の解除
承認	事実を認めるときなどに使う

★接続を表す言葉★

または	もしくはより大きな連結で選択を表す
もしくは	小さな連結で選択を表す
あるいは	別を表す
及び	「～と～」の意味
並びに	並列を表す
かつ	両方とも絶対の意味

★その他★

～の用に供する	「～に用いる」の意味
～とするものとする	原則の意味、弱い義務
～しなければならない	完全なる義務
～にかかわらず	「～であったとしても関係なく」の意味
～の限りではない	打ち消すときに使う
～の例による	「～に従う、～に見習って」の意味
～を有する	「～がある、～を持っている」の意味
当該	「その」という意味
該当する	「あてはまる」という意味

きちんと意思を表明することで法的証拠になります
なるほど
美容イベントでもらえるはずだったギャラがまだ振込みないんですが……
期日すぎてて…
大変!! まさにそういう時督促のメールを出しましょう
書きました
出演料を請求します。御社の義務の遂行を請求します。迅速な支払を請求します。
…意思はバッチリね スゴイな
もしこれに返事がない時は
はい 月のない夜にこっそり後ろからコレで
ギーッ
それダメだよッ! 弁護士に相談!!
法的な対応は専門家へ!!

2　相手先がお金を払ってくれない場合は？

仕事をしても、中々、お金を払ってくれない人、いるんですよね〜。

ホント理解できないんですが、フリーランスをやっていれば、必ずいつかは出くわす問題。

相手方が、求めに応じない場合は、文書を作成し交付します。

もし、お金を払ってくれなくなっちゃった場合、どうしましょうってことで、その対処法です。

まずは、どのような契約や事実があったのか、時系列で整理します。

- **そもそも契約は成立しているのか**
- **権利と義務はどの様になっていたのか**
- **現在、問題となっているのはどの部分か**

例）

①モブタがカワウソにネコのイラスト制作業務を委託。
②カワウソはモブタにモブタの指定した日までにイラストを納品した。
③納品月の翌月末日までにモブタはカワウソに報酬を支払うことになっている。
④ところが、支払期限までにモブタからの支払いがない。

整理したあとは、いつ、何を、どうするのかを決め、文書で通知します。

★行動を求める場合

・○日以内に○○されるよう請求します。

★代金を払ってもらいたいとき

・代金○万円を本書面到達後○日以内に全額お支払い願います。

★支払いがない場合への対応

・○日以内にお支払いなき場合には、法的手段を取らざるを得ませんので、ご承知おきください。

E（エステティシャン）：おおおおー。こういうガチな感じの見たことあるー。

M（相談員）：**お金に関するトラブルを解決するためには、相手方に意思表示をすることが大切です。**その際は、なるべく短い文章で意思表示します。

文書作成のポイントは、以下の視点で考えます。

- **契約日（基準日）はいつ？**
- **相手は誰？**
- **額は？**
- **いつまでに何を要求するのか？**
- **その際の起算日と計算方法は？**

M：書面では、事実関係を述べた後、最終的に、何をどうしたいのか、伝える必要があります。

このほか、お金に関するトラブルには次のようなケースがあります。

・契約を解除したい（契約解除、クーリング・オフ通知）
・お金を返して欲しい（貸金の返還請求）
・代金を請求したい（未払い代金の請求）
・経費を払ってほしい（経費等の支払い催促）
・報酬の支払いを滞納している（支払い催促）

民間取引は、当事者間でのやり取りが基本となります。

M：やり取りが文書で行われれば、私文書となり、文書の中身は原則自由です。

そのため、差出人が損害賠償請求として「受取人の過失により1千万円損害を被った。よって7日以内に支払え。」などとすることも可能となります。

E：げっ。それはヤバすぎる。なんでも要求できちゃうんですね。それにしても活字の威力ってハンパない…。

M：もっとも、この様な請求は、ある種、一方的な主張でもあるので、相手がその通りに応じなければならない義務がある訳ではありません。

E：なぁんだ。

相手にも言い分があったりしますから、受取人がこの請求に返信しなかったからといって、受取人に支払いの義務が確定するものでもありません。

この事例であれば、当然、７日以内に１千万円支払わなければならないものではありません。

M：いずれにしても、**不当な行為や要求は、後に争いになりますから、文書を出すにしても慎重に行う必要があります。**

一方、民間の法律行為には、意思表示がなされて法的に成立するもの、相手方への到達をもって法律効果が及ぶものがあります。

クーリング・オフの通知や時効の中断などがそれにあたります。

このような意思表示は、内容証明文書で行います。

次の項目は内容証明の書き方です。

先生！動画で初報酬発生です!!
配信で稼げました!!
わ♡ おめでとうございます！
ユーザー Maru
○月分
クリック報酬
Check!
100円
つっても100円ですけど…
ここからです!! どんどん収入増やしましょう
サイトや動画のコンテンツを活用して得られる広告収入には上限がありません
Tontube
給与所得と違って
ユーザーの行動が自分の収入となるいわゆる権利収入
本の印税と同じようなものです
Click Click!
そう…この本と同じです
より多くの人に買ってもらえばそれだけ印税が
先生？どこみてるんですかー？
ウフフ…
3冊同時購入がおすすめです

3　内容証明の書き方

フリーランスのトラブルには、「代金が支払われない」などがあります。

仕事をしてお金を払わないなんて、ちょっと信じられませんが、相手が個人の場合はフツーにあります。

それから、全く理解できないのですが、言われてから払うっていうスタンスの人、いるんですね～。

ところ変わればなんとやらで、むしろ、これがスタンダードっていう場合もあります。

ということで、取引相手によっては、何一つ事が運ばないこともあろうかと思います。

これらの悩みについては、内容証明文書の送付という手段があります。

内容証明文書は、相手方に「自分の本気の意思」を伝える目的で使われ、これにより解決に向かうこともあります。

内容証明とは、法的効力を持つ文書を証明することです。

具体的には、①意思表示や証拠を残したい場合、②相手方に心理的に圧力を与えたい場合、③確定日付を取る場合などで利用します。

①意思表示や証拠を残したい場合…契約の解除・取消、クーリング・オフ、時効中断、債権放棄等

②相手方に心理的に圧力を与えたい場合…貸金・賃金・売買代金の請求、損害賠償請求等

③確定日付を取る場合…債権譲渡の通知等

内容証明文書（謄本）は字数・行数制限があります。

縦書きの場合は、1行20字以内、1枚26行以内で作成します。

M（相談員）：内容証明は、縦書きでも横書きでもいいんですよ。

W（デザイナー）：へ～。でも、実際書くときは緊張するんだろうな～。

M：まぁ、内容証明を出す必要があるというのは、結構、深刻な状況になっているときですからねぇ。

左頁は文例です。

[内容証明書]（謄本例）

催　告　書

私○○は、去る令和○年○月○日に貴社に対して○○を納品しましたが、その業務報酬代金○万円（うち、消費税○%○円）のお支払いを未だ受けておりません。

業務委託契約書によりますと、報酬のお支払いは納品の日から○日以内にすることと規定されておりますが、当該納品の日から○日経過した現時点でも未だ当該報酬のお支払いがございません。

つきましては、ここに改めて当該業務報酬代金○万円を本文書の到達後○日以内に全額お支払い願います。

尚、お支払いのない場合には、しかるべき法的手段に訴える所存でありますことを申し添えます。

[内容証明書の字数と行数]

区別	字数・行数の制限
縦書きの場合	・1行20字以内、1枚26行以内
横書きの場合	・1行20字以内、1枚26行以内 ・1行13字以内、1枚40行以内 ・1行26字以内、1枚20行以内

W：えっと…「私、カワウソは去る令和〇年〇月〇日に貴社モブタに対してネコのイラストを納品しましたが…」この文例、使えそう…。

同文の文書を3通（相手方通知用、郵便局保管用、差出人保管用）作成し、印鑑、封筒（差出人及び受取人の住所氏名を記載したもの）、2千円程度（※）のお金を持って、本局などの大きな郵便局に持って行きます。

※郵便物代、内容証明料、書留料、配達証明料（任意）、速達料（任意）など

◆内容証明郵便

内容証明郵便は、いつ、誰が、誰に、どの様な内容の文書を差し出したかを郵便局が証明するものになります。

ただ、内容証明は、相手方に到達したことまでは証明せず、到達したかどうかは、配達証明を利用する必要があります。

配達証明とは、相手方にいつ配達したのか、差出人に証明するものになります。内容証明と一緒に利用するのが良いでしょう。

郵便局では郵便の事実証明のみを行い、内容が正しいことの証明までは行いません。

内容証明は、一般書留とする必要があります。

※書留とは、引き受けから配達までの郵便物等の送達過程を記録するもので、郵便物等が壊れたり、届かなかった場合に、実損額を賠償するものになります。

内容証明郵便が証明する内容は次の３つです。

①手紙を出したこと
②手紙を出した日付
③手紙の内容

◆内容証明の注意点

内容証明は、法的効力があるため内容証明郵便を出した事で、逆に紛争に発展する場合があります。したがって、それらのリスクについて、差出人は、よく理解した上で、最終決定は自分の判断と責任で行う必要があります。

なお、内容証明は差出人の主張通りの効果を生ずるものではありません（クーリング・オフ通知や時効中断請求を除く）。

したがって、内容証明を出したからといって、問題が解決するとも限りません。

また、内容証明郵便を送付しても、相手から何の返事もないこともあります。

解決が難しいと思われる場合や紛争になる可能性が高い場合は、内容証明郵便を出す前に弁護士に相談したほうが良い場合があります。

内容証明郵便を送付しただけでは解決が難しいと思われる場合も同様です。

W：内容証明に法的効力があるのはいいんですが、継続取引は難しい感じになっちゃいますね。

M：ですね。もめ事は無いに越したことがありません。

4 法人化か個人事務所か？

T（トレーダー）：仕事はどう？　順調？

W（デザイナー）：お陰様で。だけど、どこかのタイミングで会社設立した方がよさそうなんだよなぁ…。

G（会社員）：フリーランスは個人事業主なんだから、社長さんみたいなもんじゃないの？

法人化か個人事務所か、個人と法人のメリットとデメリット、気になりますよね。

個人事業のいい所は、何といっても事業の方針や方向性をすべて自分で決められること。

そして、お金が自由になりやすいこと。

デメリットは、責任がすべて自分にきちゃうところ。

個人の場合は、賠償額が高額になったら、破産するしかなくなっちゃうこと。

これは辛いですよね。

じゃあ、会社はというと。

会社（株式会社）の場合は、株主がいて、取締役がいる。

株主と取締役の役割は別で、事業をやる人、会社を運営する人が取締役（その代表者が代表取締役）で、いうなれば経営の責任者。

そして、お金を出す人が株主で、いわゆるオーナー。こっちは直接経営には携わらない。

で、**法人格を取得した会社は、別の一つの人格として、社長や株主とは、切り離されて扱われるってワケ。**

なので、責任という意味では、会社が一義的な責任を負うことになるので、この点が個人とは異なるんですよね。

株主と取締役はそれぞれ役割が違うので、自分が１００％出資で代表を務めるオーナー会社でない限りは、重要な事案は、合議で決めなければならず、法人としての意思決定には手続きを踏む必要があります。

また、個人にはない法人税等があり、決算業務や社会保険（健康保険・厚生年金保険）の加入等が、法人としても必要になるため、事務量は応じて多くなります。

G：へ～。会社ってそーなっていたんだね。オーナーっていう響き、カッコイイね。

フリーランスとして事業が安定してくると、次に考えたいのが法人化です。

とくに法人化にするタイミングです。

これは、2つあって、一つは営業上必要となったタイミング。

そしてもう一つは、税金と社会保険から考えたときです。


営業上は、取引先からの要請です。コレ、意外とあるんですよね。

事業をやっていると、法人にしてくれれば、もっと取引できるようになるよ、などと言われることがあります。

商取引においては、取引相手を法人のみとしていたり、個人への発注金額に制限をかけていたりするんです。

W：たしかに、額が大きい案件は、取引の条件に「法人であること」っていう項目、あったような気がしたなー。

取引先からそんな要請があった場合には、速やかに法人化した方が良いかもしれません。

会社は資本金1円からつくれますし、2週間程度でできます。忙しければ、司法書士さんにお願いすれば、すぐにできます。

年間7万円は（赤字でも）税金が最低でもかかりますが（※）、仕事を取りたい場合や仕事を増やしたりしたい場合は、やはり信用力が違います。

※資本金等の額が1000万円以下の場合、年間7万円（法人住民税均等割といいます）が赤字でもかかります。

G：でもさ、信用って言っても、あんまりイメージわかないよね。

W：わかるぅ。私はお金をもらう側だし。寧《むし》ろ、ちゃんと相手がお金を払ってくれるかどうかの方が気になる。だけど、ときどき取引先から確定申告書の写しを出すように言われるんだよねー。

仕事を受ける側からすると一見関係ないようにも思えるのですが、仕事は契約の成立が前提で、依頼があって着手するものになります。

その契約には、契約当事者双方に権利と義務があるため、相手からすると仕事を受ける側の信用は重視することになります。

仕事を発注する側からしてみれば、依頼する相手が個人だったりすると、とりわけ慎重

になるのです。

それは、品質と時間が担保できるかどうかなのです。

言い換えれば、受注者が納期と品質（完成度）を守ってくれるかになります。

個人は、そもそも信用の裏付けを証明するものが少ないので、仕事の依頼をしても納品（完成）の保障がないのです。

そのため、確定申告書の写しを出すケースがあるのです。

T：たしかに、バックレとか、ヘーキな人、いるからねぇ。

W：クリエーターの場合は、仕事ができなくなったら音信不通って人はチラホラいますね……。

T：……。（オイオイ）

W：自分が仕事をお願いする側だったら、そんな人にお願いはしないよね。

T：なんだよ、ちゃんと分かってるじゃん！

W：そりゃあ頭では分かってますよ。手が動くかどうかとはまた別の話ってことです。

仕事の依頼をしていても、突然、連絡が取れなくなっちゃうなんてことがあるんです。

そこで、個人でもちゃんとしてね、ってことで、1人だけの会社であっても、ちゃんと登記をして、法律的にも手続きをちゃんと済ましているっていうのは、発注する側からすると大事なんです。

ただ、法人化は一つの信用ですので、資本金については1円だとどうなんだろうっていうのがありますよね。

なので、自分が出資する場合は、この辺りは考えておきたいところです。

もっとも、無理のない額（但し、消費税の問題から1000万円未満が良い）でというのが前提ですけど。

まぁ、資本金はともかくとしても、法人化で取引が増えるなら法務局へGoですよね！

それから、法人になると契約が変わります。

個人の場合は、契約は個人ですから、入ってきたお金は、基本、自分のお金です。ですが、法人の場合は、契約の当事者は法人。入ってくるお金は会社のお金になります。

G:個人事業主の場合は、事業で得たお金イコール自分のお金みたいなところがあるけど、社長になると会社からお金をもらうってことか。

T:自分が100%出資した個人会社（株主）でも、法人になるとそのお金は会社のお金になっちゃうんだよ。

G：ということは、会社にお金が無ければ自分の報酬はないってこと？

T:そーいうことになるよね。会社は役員報酬を予め決めておくんだけど、高く設定しても会社にお金が無ければ、会社に貸し付けない限りは会社から役員報酬はもらえないよね。

W：たしかに、**実際1円で事業なんて無理な話だし、会社に貸し付けるお金が無ければ、会社は他から借り入れるしかないってことなんだ。**

会社にお金がなければ、会社は借り入れでもしない限りは、社長に役員報酬を支払うことはできません。

そのため金融機関は、起業する人に対しサポートする制度を用意しています。

それが創業融資制度です。

金融機関からすれば新規の取引先ということで、低金利で貸し付け優遇しています。

ただ、これもビジネスなので、それなりの費用負担があります。

貸付期間によって毎月の返済額が変わりますので、この辺りは計画を綿密に立てておくことが必要です。

なので、リスクもあることを理解しておく必要があります。

フリーランスって
自由なのですが
交通費
光熱費
Wi-fi
家賃
¥
生活する上で
欠かせないのは
お金のやりくり
確定申告が
必要なので
¥0,000
品代
領収書一枚にも
敏感になります
結局は毎月の
固定費をどれくらい
下げられるかで…
ねー。
最悪でも
20万くらいねー
君たち20万
稼げなかったら
どーすんの？
いや
稼ぐんで
なんとか
しのぎます。
フリーランスは
たくましい。

５　一人社長で！

W（デザイナー）：しかし、国保の保険料や住民税の納付の仕組みで、この翌年っていうがイマイチなんですよね。

M（相談員）：収入があれば国税である所得税や消費税はそれに応じてすぐにかかるけど、住民税や国民健康保険料は前年の所得に応じて、かかってくるからね。国と地方自治体の違いかな。

G（会社員）：それって、前年の収入によっては住民税や国民健康保険料が高くなるってことですよね。

M：そう。なので、任意継続を選択したり、免除や猶予といった制度を利用するのはあるけどね。

W：となると、社会保険料を考えれば、法人化も方法ですよねぇ。

簡単に説明しちゃうと、会社員のとき給与額が30万円だった場合は、健康保険料の本人負担分は15，000円前後。で、給与からこの額が引かれているってわけ。

そして、退職後、任意継続を選択した場合は、会社が負担していた分も自分が負担することになるので、月の保険料は倍の3万円前後。

年金は、60歳未満なら、国民年金へと切り替わる。国民年金保険料は月16，540円。

なので、国民健康保険料と比較をして、任継にするかどうかを決めるってわけ。

そーすると、営業面と保険料から考えて、会社の設立もいいかも～ってなるんです。

M：ただ、会社の場合は、社長本人の保険料と会社が負担する保険料というのがあるので、その両方を考える必要があるんです。

役員報酬を低く設定すれば、健康保険、厚生年金ともに保険料はこれに応じた保険料額となります。

国民健康保険料は、前年の所得に応じて決まるため、報酬額の設定次第では、会社を設立し健康保険に加入し、折半負担にした方が安くなる場合もあるんです。

あとは、健康保険の扶養や厚生年金保険の第3号被保険者制度があるから、この辺りは世帯単位で考えるといいのです。

W：なるほど。貯金があれば役員報酬を低くし一番低い標準報酬で加入するのもありですね。

M：だけど、法人化にあたって、社会保険の加入では、事務処理増加のデメリットがあるので、そのことはよく考えないと。

社会保険料は、役員報酬額や給与額に応じて額が決まるため、毎年、4月、5月、6月の実績をもとに届け出る必要があって、この届出をもとにその年の9月以降向こう1年間の社会保険料が決まる仕組みがあるの。

ちなみに、昇給や降給等で給与額等に大幅な変更があった際には、変更があった3ヶ月の実績をもとに4ヶ月目に届け出るルールがあります。

給与額の設定や昇給のタイミングによっては、保険料に差が出るので、この点は工夫すると良いです。

W：社会保険の手続きやテクニック、けっこうありそうですね。

M：手続きは年間を通してあるからね。事務処理や給与計算が負担になったときは…。

W：で、給与計算業務ごと社会保険労務士さんにお願いしちゃえって。そりゃアドバイスをもらえたら、そうなりますよね～。

この他、**法人化にあたっては、税務上のメリットとデメリットがあります。**

メリットは、一定の範囲での経費計上と給与所得となることで、所得控除のメリットが受けられること。

デメリットは、法人化に伴い会社としても決算等の業務が必要となるため、結果としてこの部分でも事務処理が増えるってこと。

それから、会社の方は、赤字でも年7万円の税金（資本金等の額が1，000万円以下の場合。法人都道府県税：均等割分）がかかったりするから。

W：で、経理が大変になったら、税理士さんへ。

税理士や社労士にお願いして、税金や社会保険の事務負担から解放されるのは方法です。

本業に特化し、外部に相談者をつくるというのは大切です。

士業者は、色々な情報を持っているので、活用すれば大きなメリットになります。

ちなみに社労士や税理士の顧問報酬は、規模にもよりますが、一人社長の会社や少人数の会社なら月1万円～3万円程度です。

社労士なら給与計算や社会保険の手続きなんかも、この報酬の範囲内でやってくれますので、費用的にもアドバイザー的にも検討してみる価値はあるでしょう。

新規
では仕事お願いしたいんでヨロシク
ありがとうございます
まいどー
ポヨン
でね、できたらなんだけど
ニコーッ
会社作っといてくれる？
会社？
そう登記とか謄本とか受託できる額が違うからねー
何せ社長なんだ
社長？誰が？
いや君よ君の会社なんやから
？
感覚の切り替えはむずかしい

6　税理士や社労士、弁護士との付き合い方

D（大道芸人）：フリーランスは、一匹狼～♪　営業～クレーム対応にぃ～経理・社会保険にぃ～契約書ぉ～♪

O（所長）：何ですか…その歌。

D：いやー、フリーランスって楽しい反面、大変だなぁって。情報収集を自分でして、営業しなければならないしぃ。

フリーランスになると同業者とのつながりや経営者とのつながりを求めることも多いものです。

そんな中で、フリーランスの味方になるのは士業者です。

経営者でもなく同業者でもなく、知識と経験で仕事をしている人たち。

士業は、知識や経験など形のないモノを売っている職業ですが、無資格者とは違い、国家資格者であるため、業法と社会的信用と責任、職業倫理で仕事をしています。

会社員だった人の場合は、繋がりが少なく敷居の高いイメージがあるかもしれません。

でも、そんな士業者もまたフリーランスです。

そのため、フリーランスの大変さを理解している人たちでもあります。

また、士業者はクライアントを持っていますので、色々な情報があります。

士業者は、知識と経験を売る職業なので、契約しないとアドバイスをしてくれない、というドライな面はありますが、もともとお金がすべてではないとする職業でもあるので、仲良くするのはひとつの方法です。とくに時間や報酬、客先に対する考え方は、フリーランスとして、参考になる部分も多いものです。

フリーランスは、孤独なので事業においては色々な不安があります。

最近は、確定申告などにおいて会計ソフトが充実していますが、ただ納税すればよいというものではありません。

事業を継続させていくにはどうしたら良いか、その相談をする人がいるかどうかは重要です。

フリーランスのことをよく理解してくれて、自分の味方となってくれる人。

フリーランスになったら、士業者と接点を持つことはプラスです。

O：かくいう私も士業者ですが、私もまた、他の士業者から知恵をもらっています。

士業者はアドバイスが仕事ですが、一方で業務としての仕事もあります。

M（相談員）：ここで、士業の種類と業務内容について案内しちゃいます！

左頁の表にまとめてみましたが、実務的な所では、社労士との契約は、開業前や従業員の雇用、法人化の際というのがあります。給与計算や助成金の申請、就業規則の作成なども社労士の業務です。

税理士との契約は、個人・法人問わずありますが、帳簿付けが大変になったとき、あるいは資金調達や消費税の申告も一つの目安となります。税理士の業務には、税務（節税）相談や税務申告などがあります。

司法書士は、法人化の際の会社の登記や訴訟など紛争時で、法人や不動産の登記など権利に関わる重要な手続き、裁判・調停などの法的な書面作成・提出などが担当範囲です。

行政書士は、許認可事業の申請があります。入管手続きなども行政書士の仕事です。

知財の権利関係は弁理士です。商標や特許、意匠、実用新案などが守備範囲です。

弁護士は、取引におけるトラブルでの対応や訴訟（裁判）などがあります。法律上の守

[士業の種類と業務内容]

社会保険労務士	社会保険手続、雇用、給与計算代行、助成金申請、就業規則作成等
税理士	個人・法人の税務申告、資金調達、経理・記帳代行等
司法書士	会社登記、不動産登記、個人・法人の重要な権利に関する手続等
行政書士	許認可事業の申請、入管手続等
弁理士	商標、特許、意匠、実用新案に関する手続等
弁護士	トラブル対応、裁判・訴訟等の法廷代理人等
中小企業診断士	経営診断、補助金申請等
公認会計士	監査、企業価値査定等

備範囲が最も広いのが特徴です。

この他、補助金や経営診断を専門とする中小企業診断士や、会社の価値査定や会社の不正などを監督、監査する公認会計士などがあります。

このように士業といってもたくさんあります。

さらに、守備範囲が決まっていても、得意不得意があります。

どの士業でもそうですが、トラブルになった後よりは、トラブルになる前の方が、打つ手は多いものです。

初回相談が無料というところもありますので、色々と相談してみると良いでしょう。
フリーランスになったら、士業者と繋がりを作っておく。
事業を継続させていく上では、必要なことかもしれませんね。

O：ちょっと、営業っぽくない？

M：そんなこと、ないよ…。

楽しいこと
嬉しいこと
トラブルも
クレームも
「知らなかった」が
たくさんのフリーランス
トラブルによっては
一人での解決が
難しいものです
相談先として
おきたいのか
社労士
司
税
行
やっぱり
士業の先生たち
僕らも基本
フリーランス
法律を知って
いるので
現場に役立つ
アドバイスが
できます
とっても
心強いですね!!

おわりに

フリーランス働き方相談所、いかがだったでしょうか。

この本をちょうど書き終わるころ、コロナウイルスが流行り始めました。始めは、未知なるウイルスということで、この先、どうなるのだろうと、不安で仕方ありませんでした。

第一波から第二波へ。そして、コロナウイルスはピークを迎えます。コロナウイルスで、人々の生活スタイルは、大きく変わり始めました。テレワークなど、仕事をする環境も変わりつつあります。

一方で、雇用の維持が困難となっている会社も数多く見受けられるようになりました。

世の中は、コロナウイルスへの対応で、ただただ状況を受け入れるだけのようになっています。

となると、出てくるのはフリーランスでこの先、食べていけるのか、という不安。

不況になると、契約を切られる可能性が高まるからです。

しかしながら、今回も、そんな心配は不要のようです。

フリーランスは、もともと収入源を複数確保することを志す人たち。

営業から納品まで、基本、すべてを一人でこなします。

フリーランスは、仕事を通じ対応力が磨かれているのです。

今回のようなコロナウイルスによる経営環境の変化でさえ、その時々の状況に合わせ、柔軟に対処しているのです。

今なお、フリーランスを取り巻く環境は、厳しいものであることに変わりはありません。

ですが、フリーランスなら、これまでと同じように、どんな逆境でも乗り越えられます。

〝災い転じて福となす〟ではありませんが、現在会社員でいずれフリーランスに転じようとしている人は、今がチャンスかもしれません。

今後企業は固定費を減らすために、正社員を減らして優秀な外注者に仕事をシフトする傾向が強まると考えられます。企業の規模が大きいほどその傾向が強くなるでしょう。

そうなるとそのすき間を埋めるのはフリーランスの役目なのです。このコロナ禍で運悪く職を失ったとしても、これを転機として自分の得意分野を活かして、次につなげる道を探すことです。

実際にコロナ禍では医療関連事業はもちろん、テレワークによるＩＴエンジニアなどの求人も増えていて、合わせて副業ビジネスにも関心が高まっているようです。

要は気分の持ちようです。どんな時でもファイティングポーズをとっていると、自ずと道が開けてくるのです。

もともとフリーランスはチャレンジャー。

縛られない働き方、自分のパフォーマンスに合った仕事で新しい道を見つけ、〝ブルーオーシャン〟を開拓すれば、さらにしっかりと根を張ることができて、これからも複数の収入源を確保していけます。

未来を切り開くのはフリーランス。今までも、そしてこれからも……。

やっぱり、フリーランスって最高で最強‼

コロナ禍にありながら、この本の出版に尽力いただいた、自由国民社取締役編集局長の竹内尚志氏、アイブックコミュニケーションズ代表取締役の的場康樹氏に、心より感謝申し上げます。

また、執筆にあたり、ご協力いただいた方々にこの場を借りて御礼申し上げます。

令和2年10月吉日

岡　久

MonAmie（モナミ）

本文マンガイラスト：MonAmie

本文デザイン＆ＤＴＰ組版：立花リヒト

編集協力：洌鎌亜美・矢野政人・岩尾嘉博

協力：坂下国際税理士法人

BAR LEMPICKA

構成：Ｏｋａ９・ＴＡＫＥ２８６

企画・プロデュース：アイブックコミュニケーションズ

【著者＆イラストレーター】
岡 久（おか ひさし）
ビジネスコンサルタント・社会保険労務士（フリーランス働き方アドバイザー）シンクタンク岡事務所・所長。税法労務協会代表理事。日本手技療法協会、日本ゴルフツアー機構、ASSC顧問社労士。フリーランスの働き方を研究する。構成作家・画家、ラジオ・パーソナリティーとしても活動。台日藝術博覧会、近代日本美術協会展入選。著書：「２０００万円もってないオレたちはどう生きるか」（自由国民社）、「医療福祉施設を守る就業規則の作り方」（中央経済社）、「現場発！評価される福祉施設マネジメントブック」、「福祉医療施設の人材確保と多角化戦略」（共に同友館）、監修：年金特別便これで大丈夫！読本（主婦と生活社）、「ビジネス・らじお」（弥生会計）他
シンクタンク岡事務所・ナインヒルパートナーズ公式サイト→ www.9hills.jp/

MonAmie（モナミ）
イラストレーター・漫画家・小説家
フリーランスの働き方、ブロックチェーン、ＡＩなど、最先端テクノロジーが人々にもたらすメリットと問題点を研究する。また、イラストレーター・コピーライターとして商業広告、ポスター、書籍の装丁等も手掛ける。小説家・画家でもある。デザインフェスタ出展(2019)。2020年には自身初となる個展を開催。新院展入賞、近代日本美術協会展入選他。著書に「Ｈアッシュ仮想通貨ＢＬＯＯＤとＡＩになった歌姫」（三冬社）などがある。

知識経験ゼロからの
フリーランス働《はたら》き方《かた》相談所《そうだんじょ》

2020年（令和２年）12月10日　初版第１刷発行

著　者　岡 久＋MonAmie
発行者　伊藤 滋
発行所　株式会社自由国民社
　　　　東京都豊島区高田3-10-11　〒171-0033
　　　　http://www.jiyu.co.jp/　　電話 03-6233-0781(代表)
造　本　ＪＫ
印刷所　八光印刷株式会社
製本所　新風製本株式会社